国家自然科学基金项目(42371237、41801155)资助

世界城市跨国空间：特征、机制与比较

王　立　著

科学出版社

北　京

内 容 简 介

　　本书以城市跨国空间形成发展的理论和实践为主体研究内容，探讨跨国要素在城市内部空间集聚的区位、逻辑和形成规律。全书共 12 章，首先，以空间生产和世界城市理论为基础，解构跨国空间形成的跨国城市主义理论、跨国移民理论、文化空间理论和增长联盟理论。其次，提出跨国空间要素的构成体系、不同类型的跨国空间及其驱动力差异和发展模式差异。最后，从城市空间治理的角度，提出涵盖外生因素和内生因素且具有包容性的跨国空间治理对策。

　　本书可作为地理学、城乡规划学及其各分支学科，如城市地理学、文化地理学、社会地理学、城市社会学、城市研究及管理的研究者与高校师生的参考书。此外，本书也可供城市与区域发展决策部门的管理人员参考。

图书在版编目(CIP)数据

世界城市跨国空间：特征、机制与比较 / 王立著. --北京：科学出版社，2024.7. --ISBN 978-7-03-078864-1

Ⅰ. F299.1

中国国家版本馆 CIP 数据核字第 2024SQ6919 号

责任编辑：陈丽华 / 责任校对：彭　映
责任印制：罗　科 / 封面设计：墨创文化

科学出版社出版
北京东黄城根北街 16 号
邮政编码：100717
http://www.sciencep.com

成都锦瑞印刷有限责任公司 印刷
科学出版社发行　各地新华书店经销

*

2024 年 7 月第 一 版　　开本：B5 (720×1000)
2024 年 7 月第一次印刷　　印张：12 1/4
字数：247 000
定价：169.00 元
(如有印装质量问题，我社负责调换)

序

　　跨国空间的研究由来已久，但在全球化时代始成真正热点。跨国要素作为城市发展日益重要的外生动力，集聚在城市内部的一些空间，推动着这些空间的转变，形成新的空间现象，同时带来了新的城市问题。改革开放以来，我国城市受到全球化动力的影响日益显著，跨国公司、国际交流等正在重塑城市的内部空间，改变着我国的城市体系。从 20 世纪 90 年代开始，城市国际竞争力、国际城市建设、世界城市发展等成为我国城市地理研究的热点方向。

　　该书选取中国广州、重庆和英国杜伦三个典型城市，深入剖析 5 个典型跨国空间和 1 个网络视频案例，以空间生产理论和日常生活理论为基础，系统探索和比较跨国空间形成的机制。全书从跨国空间的理论认知、不同维度跨国空间生产的多样化机制和跨国空间的差异表现三大部分，向读者系统展示跨国空间的理论探索、国际差异以及形成机制。该书具有以下鲜明特征：

　　第一，逻辑结构严谨。以跨国空间生产的多样化机制为基本问题统筹全书的结构体系。首先将跨国空间置于城市全球化的学术背景下，并对世界城市及一般城市的跨国要素集聚进行科学阐释。然后结合城市内部空间重塑的理论基础，阐发跨国空间的形成逻辑和构成体系。接着对不同类型的跨国空间生产机制进行深入解读。之后，该书又将不同类型的跨国空间放在同一体系下进行要素、路径、形成机制和形成模式的全面比较。最后提出作为融合内生要素和外生要素的跨国空间需要相应的空间治理对策。

　　第二，兼顾国内国外。案例研究和跨国空间生产的差异化机制高度契合。该书案例涉及 3 个城市 5 个案例区域，分别为英国杜伦的城堡与大教堂，中国广州的天河北、环市东和中国重庆的红岩村、鹅岭。每一个案例区域分别代表一种跨国空间类型。

　　第三，融合经济与文化。对表征型跨国空间的研究，以原真性文化的跨国想象为话题，在对评论数据分析的基础上，揭示出跨国空间本身所具有的地域特质和原真性特质，从而将以经济职能为主导的跨国空间扩充至以文化职能为主导的跨国空间，丰富跨国空间的类型研究。

　　第四，聚焦小区域研究。既有不同案例地的深刻解读，又有案例间的横向比较。小区域及社区尺度的城市空间研究实质上是有相当难度的，特别是与空间生产理论和日常生活理论的结合。在案例地跨国空间具体形成过程与机制的把握上，作者以职能演替为主线，进而解读其对空间景观和城市空间的影响，遵循了"以小见大"和从细微处着手的研究思维。

第五，强调比较分析。在深入案例分析的基础上，对跨国空间的形成特征、机制及其差异性进行比较，回应世界城市本身的多样性。同时该书也跳出了经济功能主导的思维，兼顾经济、社会、文化的作用，从而为跨国空间与世界城市研究建立联系。

第六，体现"知行合一"。在文献阅读和引用方面体现出对经典文献和最新文献的关注；在案例地的研究中体现出从实地考察中获取新知识的能力，很好地展示出人文地理学理论推理和田野调查相结合的研究素养。

随着中国城市全球化水平的提升和"一带一路"倡议的推进，中国动力对全球其他国家的城市正在产生越来越深入的影响，跨国空间研究不仅要关注"引进来"，也要研究"走出去"，同时要格外注意世界经济社会发展的不确定性及其影响。该书对跨国空间的地理学研究，特别是在运用城市地理学和社会地理学的理论进行交叉融合研究方面，做了非常有益的探索，值得广大读者阅读。

中国地理学会副理事长
2024 年 3 月 2 日
于广州康乐园

前　　言

20 世纪 90 年代中期以来，在吸引外资政策的推动下，中国城市内部空间发生了重大转型。一个突出的特征是来自国外的经济、文化等要素开始作用于城市发展。跨国空间便在这样的宏观背景中产生。除此之外，在以跨国公司和生产性服务业企业为动力的经济全球化浪潮中，全球化空间转型由西欧、北美城市发起，进而扩展至东亚、东南亚等区域，加之信息通信技术和交通设施的不断升级，"地球村""数字地球""网络世界"等新概念应运而生。在全球化的过程中，不同城市争先嵌入不同类型的城市网络，试图成为城市网络中的重要节点，并发挥出其对城市网络的控制力和影响力，这一过程塑造了世界城市网络和世界城市体系。中国城市积极参与到城市全球化的过程中，北京、上海、广州、深圳、杭州、天津、重庆、成都、武汉等城市在世界城市网络中的地位日益提升，一些城市已经进入第一梯队，深刻改变了世界城市网络体系。与此同时，城市内部空间发生了重要变化，来自域外的跨国经济要素、跨国文化要素等成为城市空间重构与转型的重要推动力。这一现象不仅在中国的门户城市、核心城市出现，也存在于一般城市和小城市中。

跨国职能不仅体现在城市中心商务区、城市办公区等经济因素层面，还存在于大型文化体育艺术场馆中。居民的社会生活不再局限于国内，而是具有了全球化的视野。城市内部的某些区域集中了跨国经济职能、跨国社会职能、跨国文化职能，这些区域或以单一跨国职能为主，或以多种跨国职能组合的形式成为不同于地方空间的跨国空间。然而，跨国空间的形成机制和模式并不相同，究竟什么是跨国空间的本质，不同学科有不同认识。在城市全球化过程中，真正具有世界意义和世界职能的空间不一定就是跨国的，地方空间同样可以具有跨国的意义。为探索跨国空间的形成机制和不同模式，本书从国内外城市典型的区域出发，通过比较分析，论述跨国空间的理论，思考跨国空间的本质、差异。

全书共分为三篇。第一篇为跨国空间的理论认知，第 1～4 章分别论述城市全球化中的空间问题，跨国空间产生的时代背景与理论响应、形成逻辑和要素构成体系。第二篇为多维跨国空间的生产机制，第 5～10 章分别针对不同类型的跨国空间阐释其生产机制，案例区域为中国广州天河北、中国重庆红岩村、英国杜伦城堡与大教堂、中国广州环市东、中国重庆鹅岭以及来自网络的想象空间，涵盖商务型、景区型、遗产型、混合型、拼贴型和表征型跨国空间。第三篇为跨国空间的差异与治理，第 11 章对不同类型的跨国空间进行全方位的比较，从要素构成体系、发展历史、发展路径、形成机制到模式解读，旨在揭示跨国空间形成的多样性机制；第 12 章从空间治理的角度，对跨国空间的全球-地方互动本质进行归纳总结，提出全球对话和包容性空间治理是跨国空间治理的重要理念。

全书的写作是在大量文献阅读及实地调研的基础上完成的。在全书即将付梓之际，反思跨国空间这一研究问题以及正在不断变迁的时代洪流，我们今日所接触的信息早已是具有全球链接特征的跨国信息。在中国全球影响力不断上升的时代背景下，无论是对域外跨国要素作用于本土的研究，还是对本土要素跨越国界走向世界的研究都需要进一步加强。美丽的中国必定具有美丽的城市，每一个美丽的城市必定是具有地方特质且又包容世界的城市。

本书在撰写过程中得到了很多知名学者的鼓励和帮助。特别感谢中山大学薛德升教授，不仅指导了本书部分章节的写作，而且为我们团队的科学研究给予了很多帮助。感谢我在中山大学学习期间，为本书提出修改意见的老师们，他们是许学强教授、周春山教授、曹小曙教授、朱竑教授、袁媛教授、李志刚教授、刘云刚教授、林耿教授。

感谢研究生戈颂参与了中国重庆鹅岭案例和英国杜伦案例的调研和数据收集工作，感谢她允许本书使用她所拍摄的照片，极大地丰富了本书的视野和数据。感谢研究生郑青青参与表征型跨国空间的数据收集工作。感谢研究生丁芳、龚世明、刘智超、樊芮利、冉路参与书中部分案例的讨论，以及对参考文献的整理。感谢本科生李杨今朝参与重庆红岩村的调研工作。

感谢西南大学地理科学学院领导对本书写作的大力支持。感谢科学出版社编辑老师们的辛勤工作，其细致周到的核查校对直接提升了本书的编校质量。由于作者知识水平有限，不足之处期待广大学者和读者批评指正。

目　　录

第一篇　跨国空间的理论认知

第1章　城市全球化中的空间 ……………………………………………………… 3
1.1　研究问题的由来 ……………………………………………………………… 3
1.2　中国城市的全球化 …………………………………………………………… 4
1.3　世界城市及其内部空间 ……………………………………………………… 5
1.4　全球化作用下的城市空间 …………………………………………………… 6
1.5　跨国空间 ……………………………………………………………………… 7
第2章　跨国空间产生的时代背景与理论响应 ……………………………………… 9
2.1　全球化视野下的世界城市内部空间 ………………………………………… 9
2.2　跨国空间产生的历史背景 …………………………………………………… 11
　　2.2.1　新国际劳动分工与全球价值链下的空间响应 ……………………… 11
　　2.2.2　时空压缩与流动空间 ………………………………………………… 12
　　2.2.3　资本的空间和生活的地方 …………………………………………… 12
　　2.2.4　世界城市的空间重构 ………………………………………………… 13
2.3　相关经典理论对跨国空间的解释 …………………………………………… 14
　　2.3.1　跨国经济节点空间理论 ……………………………………………… 14
　　2.3.2　国际移民与跨国迁移网络理论 ……………………………………… 15
　　2.3.3　文化空间生产理论 …………………………………………………… 16
　　2.3.4　城市增长联盟理论 …………………………………………………… 17
第3章　跨国空间的形成逻辑 ………………………………………………………… 20
3.1　理论视角 ……………………………………………………………………… 20
　　3.1.1　对跨国空间的解构 …………………………………………………… 20
　　3.1.2　全球化与地方化 ……………………………………………………… 21
3.2　理论基础的解读与应用 ……………………………………………………… 21
　　3.2.1　空间生产理论的解读与应用 ………………………………………… 21
　　3.2.2　日常生活理论的解读与应用 ………………………………………… 22
3.3　案例城市及其研究区域 ……………………………………………………… 23
　　3.3.1　案例城市的选择 ……………………………………………………… 23

　　3.3.2　案例城市的研究区域···25
　3.4　世界城市空间的全球-地方互动···26
　　3.4.1　国际商务区的兴起··26
　　3.4.2　社会空间的碎化分异···27
　　3.4.3　大事件和国家旗舰项目···28
　　3.4.4　跨国机构的集聚··29
　　3.4.5　国际化生活方式的全球扩散···30
第4章　跨国空间要素的构成体系··32
　4.1　跨国实体要素···32
　　4.1.1　高星级酒店··32
　　4.1.2　高级写字楼··33
　　4.1.3　高端商业综合体···33
　　4.1.4　专营性质的跨国实体机构···34
　4.2　跨国功能要素···34
　　4.2.1　跨国公司(区域)总部及其功能性机构···34
　　4.2.2　生产性服务业企业···35
　　4.2.3　跨国生活场所···35
　　4.2.4　涉外增智型国际教育培训机构···36
　　4.2.5　跨国机构···36
　4.3　跨国空间的界定与特征···37

第二篇　多维跨国空间的生产机制

第5章　商务型跨国空间生产机制··41
　5.1　中国广州天河北地景变迁与功能演化···41
　　5.1.1　历史纪念空间···42
　　5.1.2　蔬菜种植供给空间···43
　　5.1.3　体育休闲空间···43
　　5.1.4　以房地产开发为主导的商住空间···44
　　5.1.5　中央商务区跨国政务商务空间···49
　5.2　空间生产的动机···53
　　5.2.1　政府动机···54
　　5.2.2　开发商动机···54
　　5.2.3　居民动机···55
　5.3　实体空间生产的行为···56
　　5.3.1　行为关系···57

  5.3.2 制度改革引导下的相互作用过程 ································· 58

 5.4 综艺活动空间消费介入的社会关系变化 ····························· 66

  5.4.1 空间实践:文艺展演介入的国际化形象塑造 ··············· 66

  5.4.2 空间表征:多方资本介入的国际化空间设计与改造 ······· 68

  5.4.3 表征空间:体育社区与日常健身空间 ····················· 68

 5.5 小结 ··· 69

第6章 景区型跨国空间生产机制 ······································· 70

 6.1 走向国际化社区的红岩村 ··· 70

 6.2 地产开发项目引领的都市旅游区 ··································· 71

 6.3 中国重庆红岩村社区的地景变迁与功能演化 ······················· 71

  6.3.1 红色记忆的南方局时期(1949年以前) ···················· 71

  6.3.2 兴盛的"工厂一条街"与纪念空间时期(1950~1994年) ··· 72

  6.3.3 衰落的工业基地"下岗一条街"时期(1995~2004年) ····· 72

  6.3.4 国际商务区建设时期(2005年至今) ······················ 73

 6.4 地产项目联盟推动的空间生产 ····································· 73

  6.4.1 政策的引导与支持 ······································· 73

  6.4.2 从单一项目到联合项目 ··································· 74

  6.4.3 世界级建筑设计项目联盟 ································· 76

  6.4.4 外籍人士工作-生活空间的邻近可达 ····················· 77

 6.5 空间生产的模式 ··· 79

  6.5.1 高档住宅区的建设占据主导 ······························· 79

  6.5.2 高端商业服务设施引领 ··································· 80

  6.5.3 项目重建后的社区发展 ··································· 80

  6.5.4 社区管理创新式服务的全程跟进 ························· 80

 6.6 小结 ··· 81

第7章 遗产型跨国空间生产机制 ······································· 84

 7.1 世界遗产的跨国特征 ··· 84

 7.2 英国杜伦城市的核心:杜伦城堡与大教堂 ························· 85

 7.3 英国杜伦城市与杜伦城堡的发展演变 ····························· 87

  7.3.1 城市的历史区位(882年~1070年) ······················ 87

  7.3.2 中世纪政教合一的权力象征(1071~1537年) ············· 88

  7.3.3 政治功能的衰落与文化功能的设立(1538~1836年) ······· 88

  7.3.4 英格兰的文化之城:文化地位的再巩固(1837年至今) ····· 89

 7.4 地方精神与城市的文化互动机制 ··································· 90

 7.5 世界文化遗产跨国性与地方性的关联 ····························· 91

 7.6 小结 ··· 92

第8章　混合型跨国空间生产机制 ·· 93

8.1　先行一步的中国广州环市东商务区 ······························ 93

8.2　地景变迁与功能叠加 ·· 94

8.2.1　西式建筑的扩散 ·· 94

8.2.2　工人新村的建设 ·· 94

8.2.3　城市对外接待与购物中心 ···································· 95

8.2.4　广交会附生的商业 ··· 97

8.2.5　国际商务中心 ··· 97

8.2.6　跨文化生活场所 ··· 100

8.3　国内外多样化动力的互动 ··· 101

8.4　国家与社会互动的渐进式演替模式 ······························· 104

8.4.1　多元化资本的助推 ··· 104

8.4.2　政策和规划的配合 ··· 105

8.4.3　主导社会群体的接续互动 ····································· 106

8.5　小结 ·· 106

第9章　拼贴型跨国空间生产机制 ·· 108

9.1　拼贴与空间生产 ·· 108

9.2　后结构主义的拼贴城市 ·· 109

9.3　鹅岭区域的变迁 ·· 109

9.3.1　地块范围的界定 ··· 109

9.3.2　鹅岭区域的职能变迁 ·· 110

9.3.3　鹅岭区域的拼贴结构 ·· 111

9.4　历史事件下的拼贴景观 ·· 113

9.5　空间权力的跨国化渗透与地方性复归 ····························· 114

9.5.1　以跨国文化要素为肇始的跨国化与地方化的第一次较量 ····· 114

9.5.2　国际村的领事馆建筑记忆内化为地方历史 ·················· 114

9.5.3　国内外知名企业联合推动地方化再生 ······················ 115

9.6　小结 ·· 116

第10章　表征型跨国空间生产机制 ··· 119

10.1　原真性文化的网络扩散 ··· 119

10.1.1　主题式视频共享服务的发展 ································· 119

10.1.2　网红短视频 ··· 120

10.2　文化表征理论 ·· 121

10.3　跨国空间想象 ·· 122

10.4　文化网络传播的提取过程 ·· 122

10.5　跨国空间想象的场景化生产 ······································· 123

10.5.1 空间要素 ······························· 123

10.5.2 空间展演 ······························· 126

10.5.3 空间互动 ······························· 126

10.6 小结 ····································· 130

第三篇 跨国空间的差异与治理

第 11 章 跨国空间生产机制的比较 ······································· 135

11.1 跨国空间的要素类型差异 ·· 135

11.1.1 跨国要素的比较 ··· 135

11.1.2 跨国实践的行为体网络比较 ······························· 138

11.2 历史-制度-路径差异的比较 ······································ 142

11.2.1 历史作用与国家制度 ······································· 142

11.2.2 演化路径差异 ··· 145

11.3 跨国空间形成机制差异 ·· 148

11.3.1 中国广州跨国空间生产的国家与社会互动机制 ··············· 148

11.3.2 中国重庆红岩村城市中心区重建的全球化转型机制 ··········· 150

11.3.3 中国重庆鹅岭跨国化历史与地方化复归的拼贴机制 ··········· 152

11.3.4 英国杜伦文化遗产承续的文脉主义保护机制 ················· 152

11.3.5 网络传播跨国想象的"他者"文化表征机制 ················· 153

11.4 差异化形成模式的解读 ·· 154

11.4.1 神圣文化申遗主导下的跨国空间 ························· 154

11.4.2 国家与地方协同互动下的跨国空间 ······················· 155

11.4.3 增长联盟与体育营销驱动的跨国空间 ····················· 156

11.5 面向全球和根植地方 ·· 157

11.5.1 时代背景和动力特征 ······································· 157

11.5.2 跨国空间与城市的互动 ····································· 158

11.6 超越地方与空间的跨国实践 ······································ 159

第 12 章 跨国空间治理 ·· 162

12.1 世界城市跨国空间生产的驱动力模式 ······························ 162

12.2 跨国空间生产的协同作用 ·· 163

12.3 增长联盟的全球视野与地方行动 ·································· 165

12.4 中国建设世界城市的空间治理对策 ································ 166

12.5 全球对话：包容性空间治理之路 ·································· 168

参考文献 ·· 170

第一篇　跨国空间的理论认知

第1章　城市全球化中的空间

1.1　研究问题的由来

1915 年，著名城市规划学者盖迪斯(P. Geddes)在考察了西方国家当时处于快速发展中的重要大城市之后，提出了"世界城市"的概念(Patrick，1915)。将近 70 年之后，彼得·霍尔(Peter Hall)重新定义了"世界城市"，从金融、文化、技术、教育、通信设备等方面判定了伦敦、巴黎、东京、纽约等城市位于世界城市体系的顶端，这些城市对全球经济、社会、文化产生重要影响(Hall，1984)。自此以后，有关城市发展的全球影响力问题成为城市研究领域的一个重要方向，学界先后提出了"世界城市""巨型城市""全球城市(区域)""世界城市网络""城市全球化"等核心概念和关键词。在城市产生全球化影响的研究领域，从世界城市概念的解读辨析到评判指标体系的讨论(谢守红和宁越敏，2004；陆军，2011)，再从世界城市的类型划分(Ma and Timberlake，2013)到世界城市发展动力和网络特征的研究(Neal，2013)，后逐渐转向世界城市形成机制及其内部经济-社会-文化空间的重构研究(Warf，2015；Mady，2017)。

世界城市及城市全球化过程中的内部空间在参与全球事务中会发生新的变化，孕育出新的空间类型。跨国空间(transnational space)就是在全球化作用下由城市内部形成的，区别于本土特征的空间类型。具体来说，跨国空间是连接"地方"与"全球"的枢纽区域，同时这一区域的经济联系、社会流动、文化交流表现出超越本土(地方)空间的特征。然而，跨国空间又不全然是国外经济、社会、文化要素的集合，而是根植于特色鲜明的地方文化特征中，并产生跨国影响或者嵌入到跨国联系的网络作用中。由于国家制度、历史背景、社会结构等宏观因素和生活方式、社会文化等微观因素的差异与影响，跨国空间形成的区位、类型与模式并不相同。以此为研究问题，本书将从跨国空间的理论认知、多维跨国空间的生产机制以及跨国空间的差异与治理三个方面予以系统阐释。

1.2　中国城市的全球化

1980 年以来，以新国际劳动分工为基础的经济全球化推动了全球范围内经济、社会、文化一体化网络的形成。在这一过程中，跨国公司、跨国机构、跨国移民及非政府组织等越来越多的跨国行动者参与其中。一些新兴工业化国家和发展中国家的城市连接到全球的发展网络中，成为城市全球化的重要力量。近年来的发展趋势表明：城市全球化的发展模式渐趋多元化，特别是东亚、南亚、东南亚等城市的崛起为城市全球化的研究注入了新的活力（宁越敏，1994；蔡建明和薛凤旋，2002；Wei and Jia，2003；Wei et al.，2006；Wu and Ma，2006）。此外，引领某一行业发展的城市同样具有全球化的影响力，如以软件设计业闻名的印度班加罗尔，以国际组织和联合国机构驻地为代表的泰国曼谷、肯尼亚内罗毕等。因此，城市全球化的发展已经从少数的欧美城市扩展至亚非拉城市，其中越来越多的南方城市发挥着至关重要的作用。南方城市的全球化发展与模式成为新的研究焦点，在此领域集中了一大批地理学、社会学与城市研究的专家学者（Shatkin，2007；Burgers and Touburg，2013；Stephen，2014）。

进入 21 世纪以来，中国城市全球化程度进一步加深，越来越多的城市积极参与到具有全球意义的事务中来。特别是 21 世纪的第一个十年，以大事件的举办与巨型工程的建设为推动的中国少数大城市（北京、上海、广州、深圳）的全球化发展和以制造业为动力的多数沿海城市及区域中心城市的全球化发展表现最为突出（李国平，2000；李国平和卢明华，2002；薛德升 等，2010）。在全球化与世界城市研究网络，即 Globalization and World Cities（GaWC）Research Network 的世界城市体系排名中也有越来越多的中国城市被列入（Derudder et al.，2013；Zhao et al.，2015），一方面说明中国少数大城市的全球影响力在增强，城市全球化的水平越来越高；另一方面也说明中国城市在世界的实践发展已引起国际学界的广泛关注。随着经济全球化进程的推动，越来越多的非欧美城市的发展现象和问题得到学者们重视。

1.3　世界城市及其内部空间

　　世界城市[①]，指全球范围内，在经济、社会、文化层面产生直接影响的城市，这些城市具有全球事务影响力和控制力。从职能形态和功能结构方面，可以分为全球性世界城市和区域性世界城市(郑伯红，2003)。关于世界城市的研究，最早由盖迪斯提出，指伦敦等大都市与周边地区形成组合城市(conurbation)的地理现象；之后彼得·霍尔从城市职能、城市空间形态和城市结构 3 个视角，总结了世界城市的共同特征，即这类城市具有世界意义的经济、社会、文化影响力，并通过其职能、空间形态和城市结构表现出与一般城市的差别(Hall，1984)。20 世纪 80 年代，约翰·弗里德曼(John Friedmann)等提出世界城市假说，使用人口规模、重要的制造业中心、交通枢纽、跨国公司总部、商务服务部门的增长度、金融中心和国际机构的集中度 7 项指标(Friedmann and Wolff，1982；Friedmann，1986)，借鉴伊曼纽尔·沃勒斯坦的世界体系理论中的核心-边缘结构(Wallerstein，1983)，构建了由少数城市组成的世界城市层级体系(表 1-1)，建立起了世界城市研究的基础理论框架(周振华，2008)。

表 1-1　约翰·弗里德曼提出的世界城市层级

核心区		半边缘地区	
首位	次位	首位	次位
伦敦	布鲁塞尔		
巴黎	米兰		
鹿特丹	维也纳		
法兰克福	马德里		
苏黎世			约翰内斯堡
纽约	多伦多	圣保罗	布宜诺斯艾利斯
芝加哥	迈阿密		里约热内卢
洛杉矶	休斯敦		加拉加斯
	旧金山		墨西哥城
东京	悉尼	新加坡	
			马尼拉
			曼谷
			首尔

资料来源：约翰·弗里德曼的世界城市假说(The world city Hypothesis-John Friedmann)；周振华(2008)。

[①] 1991 年，萨斯基娅·萨森(Saskia Sassen)将纽约、伦敦和东京定义为全球城市(global cities)，并讨论了其功能、社会结构和形成原因等；世界城市(world city)和全球城市(global city)都是用来描述城市全球化发展所达到的状态或结果。全球城市突出了金融的管控能力和高级生产性服务业的中心地位及全球的聚散功能，如纽约、伦敦、东京是典型的全球城市。世界城市和全球城市的主要区别在于历史(历史的复杂度)和功能。今天，主要的全球城市大多数也是世界城市，但有些却不是，它们具有明显的差异。本书采用"世界城市"统一表述。

此后，对世界城市划分的指标与方案不断有新的进展，Smith 和 Timberlake(2001)采用航空客流的数据划分世界城市；Castells(2010)提出了以电讯为指标划分世界城市体系；Beaverstock 等(1999)首次使用高级生产性服务业在全球范围内划分世界城市体系和解读世界城市网络，从 146 个城市中选取出了 55 个城市并将其划分为三个层次，之后基于高级生产性服务业的世界城市网络的研究将世界城市的研究推向了城市网络"定量化"研究的高潮。与此同时，在城市发展范式方面，Liu(2012)认为世界城市与赛博城市(cyber city)、二元城市(dual city)、混杂城市(hybrid city)、可持续城市(sustainable city)一同构成五种城市范型。总的来说，世界城市研究已从概念的探讨扩展至定量的测度和等级体系结构的演变，特别是不同维度、不同行业的城市网络研究直接推动了人们对世界城市的新认识。

世界城市的空间体系研究可溯源至著名经济地理学家艾伦·J.斯科特(Allen J. Scott)提出的"全球城市区域"(global city region)概念，即以全球城市(或具有全球城市功能的城市)为核心的城市区域(Scott et al.，2001)。全球城市区域是以经济联系为基础，由全球城市及其腹地内经济实力较为雄厚的二级大中城市扩展联合而形成的一种特殊的空间现象，为全球化时代的区域经济发展提供了新的空间解释。此外，在世界城市研究早期的两场争论中，明确指出世界城市社会空间是历史层层累积而成的空间结果，每一个世界城市都有独特的经济、文化和历史的相互作用，并非一致的"空间极化"(薛德升和黄鹤绵，2013)。具体到城市内部空间，相关研究成果集中在跨国公司总部集聚区、跨国公司研发部门集聚地、中央商务区(central business district，CBD)、族裔聚居区、游憩商业区(recreational business district，RBD)、跨国移民社会空间、跨国机构所在地等(Presas，2004)。

1.4　全球化作用下的城市空间

世界城市的全球化经济将地方转译为具有全球化空间性(spatialities of globalization)的地方隐喻与空间实体(袁雁，2008)。全球化的空间性更加重视空间组织的关系过程和网络形态，而拒绝将地方与空间的关系视为一种"线性"的差异关系(Amin，2002)。这一视角主要考虑在经济、社会、生活等多个领域"世界尺度"重构过程的发生和跨国链接(transnational connectivity)的迅速发展。其中，尤其强调社会关系的空间重塑是当代全球化发展最为核心的议题，地方中的社会关系被重新建构，但是其原因的解释与原理的探寻却远远超出"地方"的尺度。原因有四点：①日常生活是被一系列空间所建构的——离散的、情感的、依附的、身体的、自然的、组织的、技术的和制度的；②这些空间是递归、循环的空间，换言之，它们是组织化、稳定性、连续性和变化的承载体；③这些空间并不能简化为"平面的"（单尺度或多尺度）或者以距离为基础的实体；④空间是在实践中产生的，它并不先于实践而存在，而实践是关系职能的接合体。因此，全球化的实践必然产生全球化的"地方空间"，但绝非地方的空间。全球化作用下的城市空间其实是世界城市网络中的城市内部空间（地方空间），全球化的影响在重构地方，引发了地方精神的自省。

1.5　跨 国 空 间

Friedmann 的世界城市假说明确指出，城市在嵌入经济全球化的过程中必将对其内部空间结构产生深刻影响。Sassen（2002）认为：世界城市集聚了从事高级生产性服务业的城市精英群体以及为其服务的生活服务业人员，两类不同服务类型人员的迁移超越国家边界，在纽约、伦敦、东京等世界城市间进行着持续的流动、迁移，从而致使城市产业结构的调整、社会结构的两极化以及社会空间极化。Marcuse 和 Kempen（2000）在关注全球化过程中的城市内部空间变化时，指出以职业变化、分化、重组为特征的经济结构与社会结构的变化是城市内部空间的发展动力。不同城市的历史发展背景、经济结构、民族和种族结构等诸多要素存在差异，因而全球化空间类型存在多样性。跨国空间作为全球化作用下城市内部的新类型空间，同样具有多样性。跨国空间是在城市环境中产生的一类连接"地方"与"全球"的枢纽区域，是跨国经济联系、跨国社会流动、跨国文化交流相互作用的密集区域，集中分布着众多的跨国实体要素和跨国功能要素，在世界城市中尤为明显（Jackson et al.，2004；Fuchs，2007）。典型的有跨国公司总部基地（Poon and Thompson，2003）、大型旗舰项目所在地（Fainstein，2008）、国际机构驻地（Eizenberg，2012）、生产性服务业企业的办公区（Parnreiter，2015）、高级宾馆和跨国商务人员的生活空间等（Pow，2011；Murray，2014）。跨国空间是全球化作用下所产生的差异性地方空间，其中跨国生活空间、跨国经济空间、跨国移民社会空间、跨国文化空间、跨国政务办公空间是其重要的组成部分和空间形态。另外，有学者将跨国空间的概念泛化，其实质是尺度的差异，将跨国空间引向宏观尺度的边界区域（Chen，2004）。Sassen（2000）将城市视为跨国空间的主体，而不是国家。Scott 等（2001）提出全球城市区域的概念，即跨国空间"都市区化"，而本书所指的跨国空间集中在（世界）城市内部。

然而，这些不同尺度的跨国空间概念并非十分清晰，不同学科背景都有各自的侧重和理解。毋庸置疑，这些不同尺度、不同学科背景下的概念的出现，其本身说明了当今时代的城市和社会正在走向一个多元文化参与、跨越国家边界的发展过程。在这一过程中，内外因素的结合和相互作用使得城市空间呈现新的变化。在不同跨国机制作用下形成的跨国空间，即世界城市内部出现的具有跨国和国际特征的特殊"象征性"空间，它往往凝聚了这个城市最精华且具代表性的空间要素，暗含着城市社会变迁和空间重构的发展过程。

第2章 跨国空间产生的时代背景与理论响应

2.1 全球化视野下的世界城市内部空间

从城市内部地域结构来讲,可以将其分为城市实体空间和城市社会空间两类。城市实体空间具有结构功能主义的特征,在空间形态学上反映出城市的各种要素在地域空间上的组合状态。城市社会空间有泛指和特指的区别,泛指是指一切人类所感知或体验的空间(Knox and Pinch, 2006);特指是指具有相同经济属性、社会地位、种族特征乃至行为心理的社会群体所占有的空间(李志刚和顾朝林,2011)。在城市全球化过程中,城市空间的演变、转型与空间生产研究是城市地理学近20年以来集中关注的问题,特别是对单个世界城市内部空间的研究。具体来说,城市全球化作用下世界城市内部空间表现为各种要素相互作用的"流"景观组合:资本的全球网络组成城市内部的"金融景观",各种跨国人群的全球网络组成"族群景观",媒体的全球网络组成"媒体景观",这些网络相互联系、彼此互动。城市内部的地方与全球不再是空间尺度的大小,而是分析空间形成的两种方法,网络中的地方是全球性的,全球也是地方性的。生产性服务业在城市CBD的集聚分布催生了大型购物中心、星级酒店和跨国主题的商娱场所,这些要素之间相互作用并发生着社会联系,一同包含在国际化的现代建筑形式和曼哈顿式高楼林立的城市地景之中,使得世界城市内部空间表现出趋同性的特征。

社会学领域,在跨国移民日益规模化的背景下,提出了跨国社会空间的关键概念。跨国社会空间并不天然与世界城市产生着联系,但是世界城市作为跨国移民移入地的情况极为典型。跨国社会空间多从跨国迁移的视角,审视大城市社会空间分异,因此其概念提出的基础是"跨国移民"的产生,跨国移民产生后在迁入地与迁出地之间产生经济、文化、社会生活的作用流,从而共同构成跨国社会空间。Faist(1998,2000)以国际移民的分布与跨国流动为基础,指出全球范围内移民移入地和移出地不均衡分布的原因和影响,并从跨国的角度对移入地和移出地的相互作用程度给出了3种发展状态的解释。跨国移民是世界城市重要的流动群体,当然这一流动群体也是存在较大的经济、社会差异的,包括跨国商务精英人群、为生计而远涉重洋的贸易商人和低端服务业的雇佣工。跨国移民群体在世界城市特定的区域"落脚"与"栖息",并与当地社会文化环境互动-重构。

　　自经济全球化进程加速以来，城市内部空间转型与重构的过程越来越受到跨国因素的影响。换言之，城市内部空间的影响因素增加了跨国企业、跨国移民、跨国文化场所等具有非本地化特征的因素。跨国要素和跨国行动者已经成为继人口分布、土地利用、社会群体分化等因素之后新的塑造城市内部空间结构的影响因素。在跨国空间形成及与地方互动的过程中，城市内部空间在演化的基础、条件、环境、动力等方面都发生了重要的变化。世界城市的跨国空间与 CBD 等全球性商业事务及高级生产性服务业办公空间存在紧密关系。同时，世界城市的跨国空间也同各类人群收入的分化及空间极化联系在一起。不同城市、不同类型的跨国空间是否有同样的特征或是具有某种差异性，跨国要素和全球化力量在城市跨国空间生产中如何与国家制度、区域历史、社会文化等多种要素相互作用是极其复杂的城市空间发展问题(图 2-1)。

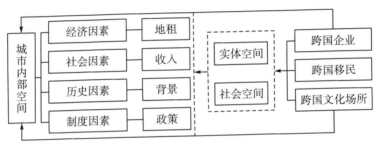

图 2-1　跨国要素对城市内部空间的作用

　　世界城市是城市全球化水平最为显著的城市。受全球化的影响，世界城市空间不断分异出新的类型。具体来说，在世界城市内部出现了以国际金融贸易区为代表的全球化商务空间，同时也分化出具有排他性的防卫社区、生活设施不健全乃至匮乏的外来人口聚居区等"边缘化空间"，这些空间的产生加剧了城市空间的分异与破碎化。有学者指出在城市发展不断融入世界的过程中，总体上处于一种转型的状态，在这一转型状态中表现出 4 类空间形式：差异空间(space of differentiation)、消费空间(space of consumption)、边缘化空间(space of marginalization)、全球化空间(space of globalization)(魏立华和闫小培，2006)。具体到我国的世界城市，其内部空间的重构过程更为突出，在全球化影响下城市发展联盟等作用机制深刻重塑了城市的内部空间(吴缚龙，2006，2008)。另外，自改革开放以来，由计划经济向市场经济转型也是我国城市发展的重要影响框架，在此框架下的社会空间分异也是我国城市的一个重要空间特征(李志刚 等，2006)。由此可见，在我国，世界城市的空间分异重构具有特殊的时代背景和制度转型的特征。

2.2　跨国空间产生的历史背景

2.2.1　新国际劳动分工与全球价值链下的空间响应

1950 年后，劳动空间分工出现新的国际表现形式，跨国公司迅猛发展、资本流动加速、区域一体化、经济全球化的态势日益显著。新国际劳动分工的表现形式是：资源密集型工业、劳动密集型工业等传统工业，以及电子设备生产装配、重化工业生产制造转向欠发达国家和地区，包括新兴工业化国家以及东南亚、南美洲、非洲等处于发展中的国家和地区；而产品研发、设计、服务、管理等高附加值环节及决策机构仍然保留在发达国家和地区，这样在全球范围内形成了价值链"微笑曲线"（图 2-2），每个企业每个区域都集中于特定的优势生产环节（李健，2011），相同的企业集中分布于全球范围内的特定空间。世界城市成为新国际劳动分工的协调与控制中心，大量为跨国公司服务的生产性服务业在世界城市集聚，从而产生了生产性服务业集聚空间和跨国资本金融服务区等国际化商务空间，它们往往位于城市的 CBD，却又表现出超越 CBD 的职能和特征。

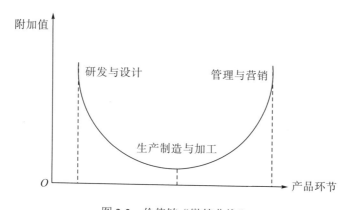

图 2-2　价值链"微笑曲线"

爱德华·索亚（Edward W. Soja）认为，空间组织是有组织的空间结构形式，是目的性社会实践下的空间结果（丛屹，2012）。从全球尺度来讲，新国际劳动分工将全球纳入其产业演化的空间，发达国家、新兴工业化国家、欠发达国家的"核心-边缘"结构固化。然而，在全球价值链的作用下，资本向全球流动却在不同的地理空间分流出差异化的产品附加值，而处于"微笑曲线"两端的研发与设计、管理与营销在世界城市的特定空间集聚，完全超越了"国家边界"的概念，纳入世界城市中的生产性服务业得以进一步发展，产生了跨国商务空间，成为跨国空间发育的一个表现形态和类型，即跨国经济空间（transnational economic space）。

2.2.2 时空压缩与流动空间

空间可以度量事物之间的位置关系。依据地理学的距离衰减规律：两地相距越远，它们之间的联系就越松散，作用力也越弱。然而随着交通、运输、通信技术的发展，地球表面两地之间的相对距离被"压缩"，交通通信技术与方式对现代社会生活和国家经济社会联系产生了重要影响。通信技术的变革从根本上改变了时间与空间的关系，推动了"网络社会"形态的形成，流动空间通过对时空的压缩正逐步改变传统的空间关系（曼纽尔•卡斯特和王志弘，2006；沈丽珍和顾朝林，2009）。流动空间是信息社会当中占据主导性质的空间演化逻辑和空间类型，由社会行动者依据日益发达的信息通信技术而建构。世界城市通过流动空间的网络化链接形成世界城市网络，而世界城市网络中的节点则成为资本、信息、人力、技术流动的"地方空间"。这个"地方空间"既是要素的节点，也是要素的网络，成为多样化跨国跨地区资本、信息、人力、技术的理想"栖息地"和场所空间。生产要素不断在这些节点和场所空间流动，形成庞大的城市流动空间体系（梁建章，2000）。这种流动主导着经济、社会和符号化生活的所有过程。资本流动积累加速过程中空间距离的阻隔被层层打破，跨国公司、国际组织、跨国移民等跨国行动者在网络中的节点空间发生流动化重组与生产，使得世界城市内部空间不断演绎出新的类型。跨国要素在世界城市网络中的流动空间的社会互动成为城市内部空间结构变化的动力，也是发育为跨国空间的必要条件。

2.2.3 资本的空间和生活的地方

全球化趋势的推动下，世界的跨国精英人群和地方的普通大众日益分化，资本和财富以流动的形式重塑着同质化的空间，生活和经验则扎根于文化和历史中，并在差异化的地方得以表现出来。掌控资本的跨国人群和寻求生活的普通大众的矛盾越来越凸显，跨国人群对城市的空间要求以大体量的商务、消费、休闲氛围为导向并得到城市政府的支持，从而不断挤压地方居民的生活空间向边缘地区退却。普通民众生活的地方被日益排斥至边缘地区。空间是全球性的，地方则是地域文化的堡垒，两者之间的关系相互渗透、相互交织，必然持续产生新的动态空间形式。

戴维•哈维（David Harvey）认为，城市的空间特征是在资本的三次循环中不断流动、转移而被塑造的。城市全球化的发展带来资本的跨国流动，资本跨国流动的目的是生产资本增值的空间。资本的空间是以跨国投资为媒介，以国际直接投资及其他形式的国际经济合作助推世界城市空间的生产。跨国人群的资本的空间与大众生活的地方形成了一道地景鸿沟，其两端分别是强势的令人眼花缭乱的全球商业规划空间和当地居民极度拥挤且又缺乏品质生活的地方（包亚明，2001）。纽约曼哈顿商务区成为整个纽约商务区的核心地域和跨国人群的乐园，集中了美国最大的银行、保险公司和最大的交易所，拥有上百家跨国大企业的总部机构，吸引了大量生产性服务业企业和专业化人士，并为这些专业化的企业和专业化人士提供了多样化的配套设施和特征服务，形成了全球资本空间（刘晓博，2013），成为世界城市效仿的"标本"，而一些原汁原味的地方生活空间面临着拆迁、改造甚至完全毁灭的命运，使人们反思全球化究竟是加剧了不平衡还是缓解了不平衡。

2.2.4　世界城市的空间重构

David Harvey 认为，空间组织蕴含于宽泛结构（如社会的各种生产关系）的一整套关系中，在这一整套社会经济关系相互作用的过程中，产生的循环因果关系是空间组织发展形成的动力机制。从空间而言，全球化可以被视为社会关系的空间延展（spatial widening），甚至空间的消灭（annihilation of space）。从这个角度来看，世界城市的空间实质是世界范围内社会关系的再建构。伴随着以经济为主的全球职能在世界城市的集聚，在世界城市内部集聚形成了连接国家乃至全球经济的国际商务区、城郊巨型工业园的全球性生产空间及为跨国精英人群、中产人群、跨国群体服务的各种专业化生活场所（Machimura，1992；Short，2001）。这些空间经由知名建筑师和规划师设计，跨国资本参与建设而成为"样板"空间，这种近似流水线式的生产成为世界城市空间重构的重要表现形式，如东京的丸之内（Marunouchi）区、巴黎的马塞纳北部街（Masséna Nord）区、柏林的波茨坦广场（Potsdamer Platz）等都是通过国际性规划设计促使其内部空间得以重塑。然而，与世界城市全球化景观一同浮现的还有世界城市内部空间职能的演化与变迁，特别是那些在世界城市网络体系顶端的城市，内部空间重构更加剧烈（Mayer，2008）。总体来看，主要表现为三个层面。

一是以摩天大楼为标志的资本、权力、财富景观在城市原有中心商务区及其附近或新城区域涌现，这些区域往往集中了城市最好的基础设施、通信设施、优越的办公环境和便利的交通设施，代表了城市"高尚、现代、富有活力"的城市形象，吸引着跨国资本的到来和全球投资者、银行家、金融家的目光，这些现代化的摩天大楼景观和社会环境符号成为世界城市的"权力景观"符号（Zukin，2009）。

二是在城市发展不平衡、社会极化、收入不平等多种要素作用下，世界城市内部空间也集聚了大量贫困空间（袁媛和许学强，2008；袁媛 等，2009），从而在城市内部展现出空间极化的形态和趋势。西方学者更进一步指出社会空间极化是当代世界城市的显性化特征（King，2006）。Friedmann 和 Wolff（1982）将世界城市的内部描述为现代化的"城堡"与落后的"贫民窟"的空间统一体，点明了世界城市内部分化和空间非均衡化的现象。Zukin（2009）指出权力景观与民宅的冲突是世界城市发展过程中的普遍性特征，具体表现为城市金融财富的商业写字楼与商业中心外不断被边缘化的住宅邻里、非法建筑形成对比。Marcuse 和 Kempen（2000）把城市空间分化模式归纳为：奢侈与遗弃、现代化城堡与贫民窟、掌控与被控制的城市内部两极化区域模式。伦敦、柏林、巴黎、圣保罗、科伦坡、曼谷、孟买等城市都有社会空间极化的现象。

三是以族裔经济为基础的跨国文化场所在世界城市内部的集中分布。跨国实践中，跨国文化的商品和品牌将世界联成一体。例如，西式快餐在中国城市急剧扩张，咖啡厅、西餐厅、日本料理、韩国料理、越南菜等异域风情的餐饮场所集聚分布于城市内部的某一区域（Zhang et al.，2014）。同时，中餐厅、东南亚菜、茶馆、日本料理、韩国料理也在欧洲城市极受欢迎，东西方餐饮文化的互动嵌入和全球本土化（glocalization）使跨国文化生活因素进入世界城市内部空间并展现出来。这些跨国文化场所的集中分布凸显了世界城市消费空间的产生，消费空间的景观重塑和社会关系重构带动着城市内部社会空间的演进，成为世界城市社会空间重构的重要组成部分之一。世界城市空间重构正是在各种跨国要素进入并在经济、社会、文化、生活等方面产生接触、抵抗、蝶变与再生的互动过程中进行的。

2.3　相关经典理论对跨国空间的解释

2.3.1　跨国经济节点空间理论

世界城市网络以六大高级生产性服务业为基础，组成一个扁平化的世界城市体系，城市之间在这样的网络中进行着信息、人员、资本等要素的流动与循环（Carroll and Carson，2003）。然而，参与到这些要素间流动与循环的是每个城市的节点空间，而非城市整体空间。节点空间往往是跨国公司核心部门和专业性服务公司的聚集地，也是全球化经济、社会、文化要素嵌入的集中地，如英国伦敦泰晤士河沿岸、法国巴黎拉德芳斯、美国纽约曼哈顿、日本东京银座与新宿、中国北京中关村、中国上海陆家嘴、中国广州天河北等。生产性服务业的空间集聚与 CBD 空间结构互动发展带动着世界城市内部新节点空间的形成，具体表现为跨国资本家群体（transnational capitalist class，TCC）和跨国精英群体（transnational

elite class，TEC)的工作空间和世界城市商务空间的和合发展，形成以跨国空间为
依托的工作、居住、闲暇空间组合体。跨国精英商务人士的日常生活就在世界城
市的跨国空间中完成，即形成跨国资本家群体空间(Carroll，2010)。Sklair(2001，
2002，2005)认为，跨国资本家群体的形成，是全球化时代城市社会群体构成的一
个新变化。跨国资本家群体由四部分人组成：①拥有和控制重要跨国公司的人，
即跨国公司的执行官；②全球化的官僚和政客；③全球化的专业技术人员；④商
人和媒体。跨国资本家群体的商务活动和城市生活跨越国界追逐资本增值，分享
着全球不同城市的生活节奏，并影响着不同城市的社会生活氛围(Robinson and
Harris，2000)。国际工商、金融精英的崛起成为世界城市的一种经济、社会文化
现象。他们穿梭往返在国与国、地区与地区之间，跨越国家边界，熟悉专门的商
务知识，在多个城市间移动，且都有相对成形的社会网络(Beaverstock，2002)。
一部分精英的家眷也随之迁移，有些甚至完全摆脱母国的影响，在众多世界城市
间形成了一个迁移网络空间(Ryan and Mulholland，2014)。Smith(2000)探讨了跨
国网络的形成以及地方行动者在跨国联系中自下而上的社会生活实践(Smith and
Wiest，2005)。Ley(2004)的研究表明，跨国资本家群体虽有强势的社会经济地位，
但它们的日常生活却面临着社会、文化的各种挑战。特别是语言、文化、地方习
俗的障碍使得跨国资本家群体的跨国生活面临多重挑战，他们难以融入地方化的
生活，却必须生活在全球化的地方中(Smith and Bailey，2004；Ley and Kobayashi，
2005；Song，2015)。

2.3.2 国际移民与跨国迁移网络理论

国际移民及跨国迁移网络的形成，已成为世界城市发展的社会动力
(Beaverstock，1994；Beaverstock and Boardwell，2000)。全球流动人口和国际
移民在不同城市间的移动，以一连串不同且重要的方式重组着城市社会及其内
部空间结构。特别是嵌入世界城市间迁移网络之中的城市，其社会空间结构在
迁移网络的基础上形成独有的特征，从而成为自下而上推动城市全球化的一种
动力，也成为城市基础设施，如住宅、学校、医院、车站等生活性服务设施空
间重构的动力。反过来，城市社会生活环境的极大改善所表现出的国际化、多
样化、潮流化、具有包容度的社会空间类型又不断地吸引着新的跨国移民的到
来，为城市发展提供持续的动力。美国纽约、加拿大温哥华、新加坡就是典型
的以跨境移民迁移网络为基础构成社会动力的世界城市，同时这些城市也成为
跨国迁移网络的重要节点。

Massey 等(1993)在对国际移民、劳动力空间分异研究的基础上，测度了城市
社会关系的开放强度。Henry 等(2002)以英国伯明翰为例，研究了跨国移民对后

殖民城市在全球化发展过程中的重要作用，发现城市国际移民的多样性构成了其经济持续发展的基础。Benton-Short 等（2005）以国际移民为指标系统研究了全球移民城市的等级体系，分析了国际移民对世界城市形成和发展的影响。Faist（2000）从国际移民的移出地、移入地的不均衡分布中分析跨国社会空间（transnational social space）发展的不同阶段和形态，指出跨国（亲属）关系群体、跨国环路（transnational circuit）、跨国社区（transnational community）是跨国社会空间的三种发展形态，研究的重点是跨国迁移过程中跨国移民的社会融入、文化适应与身份认同等问题（Pries，2013；Richter and Nollert，2014；Wahlbeck，2015）。Li 等（2009）对广州在全球化进程中的国际移民集聚现象开展了研究，认为城市跨国移民社会空间的形成是资本、生产和人口全球性转变背景下外生与内生力量作用的结果。从地理学视角分析，因其概念提出的基础是"跨国移民"的产生，跨国移民产生后在迁入地与迁出地之间产生经济、文化、社会生活的作用流，从而共同构成跨国社会空间（Conway and Cohen，2003），实则为从跨国迁移的视角，审视城市社会空间分异的新类型。梅拉索思（Meillassoux）、威尔逊（Wilson）和波特斯（Portes）等认为国际移民社区在流动过程中形成了新的关系，融合了不同的制度和意识形态，跨国移民选择了"跨国化"的生活方式，营造着积极的社会空间（Poros，2001）。大多数世界城市都有其独特的社会空间景观，如巴黎的绿茵道闲暇空间、纽约的华尔街商务空间、罗马的教堂朝圣空间，都是具有世界城市特征的社会空间。同时，加尔各答、里约热内卢的贫民窟也成为一类具有世界城市特征的"消极"的社会空间（Rao，2006）。总而言之，跨国移民对世界城市及城市全球化发挥了自下而上的推动作用，且对城市内部空间结构产生了深远的影响。

从社会关系、社会网络角度，探讨城市内部跨国社会空间是世界城市研究的重要组成部分。特别是以非本土因素的社会-文化网络联系为基础的社会生活空间结构与模式的研究，对揭示世界城市内部跨国空间发展过程和互动具有重要意义，可以深刻理解城市全球化过程中城市内部空间的全球化重塑机制，成为跨国空间研究的社会学流派。

2.3.3　文化空间生产理论

Soja（1996）认为，后现代文化的兴起对地理学研究视角的转向具有非常重要的作用，他以洛杉矶为实证研究对象，提出空间的多元性，不同地区的历史、文化、发展历程不同进而带来社会的多样化和空间的差异性。Soja（1996）通过对洛杉矶的城市状况进行分析得出三点结论：①主要种族群体的空间分布状况说明城市文化的去中心化（decentralization）、差异性（diversity）；②洛杉矶的经济重构是一个去工业化的过程和重新工业化的过程，促使新产业空间类型产生，且极具灵活性(flexicity)；③边缘地区与核心地区的淡化，城市中心与郊区间的等级更加模糊，多中心城市区域成为新的空间范式。继而产生了对后现代的空间自省与批判。爱德华·索亚受后现代理论启发，强调"空间性(spatiality)"和"社会-空间"辩证关系，空间成为充斥着矛盾、混沌、各种事物不停交替的"第三空间"(孙斌栋等，2015)。

后现代城市理论的研究认为，文化与制度是塑造地方的关键要素。世界城市是城市研究领域重新认识地方的一个重要理论。跨国空间本身就是资本、制度、文化等叠合作用而形成的。后现代城市理论的观点认为，跨国空间是世界城市空间重构的一个具体表现，资本、文化的跨国化，必然对地方产生深刻的空间影响与作用。在此作用下，地方文化面临危机的同时，也带来"复兴"的机会(朱竑 等，2008)。全球化空间景观的涌现始终伴随着对地方多元性的认识，现代性同样离不开地方性。上海新天地以恢宏的现代气势表现着往日的地方文化，成为全球化空间地方性的集中表达。后现代城市理论解构了世界城市文化空间全球去地化和全球在地化的双重过程(Borer，2006)，而跨国空间成为全球去地化和全球在地化的结合点，其空间生产过程就是全球化资本、文化、制度与地方的互动过程。世界城市既是无地方性(placelessness)空间的集中生产之地，也是地方文化空前发达的辐射之源。

2.3.4　城市增长联盟理论

城市空间发展受到多种因素的影响。城市空间类型分化是指城市经济、社会发展状态作用于城市空间，进而在空间地域上反映出来(张京祥 等，2006)。欧美城市空间的发展受到西方国家政府的"企业化管治"影响(Li and Huang，2014；Loughran，2014)，在里根和撒切尔自由市场论大行其道之时，政府并没有退出历史舞台，而是以"管治"的方式参与其中，"企业化管治"就是突出的表现(Ebner，2007；Mikler，2008)。与西方国家不同，中国地方政府将行政资源直接融入城市空间开发中，行政意愿嵌入到城市空间演化的过程中(殷洁等，2006；Xue and Wu，2015)。

西方城市研究学界的"城市增长联盟"(urban growth coalition)和"城市政体"(urban regime)理论从政治经济学视角分析了城市空间重构(Molotch，1976；Whitt，1987)，并指出城市增长联盟正在发生新的改变，行为作用者被全球化的因素裹挟，跨国要素参与进来，特别是国家推进的世界城市发展战略和城市政府建设世界城市的雄心相结合，推动了跨国空间形成(Kramer，2010；MacLeod，2011；Loughran，2014)。该研究流派认为，政府通过吸引跨国资本、跨国企业、跨国机构进而推动城市的空间转型，并在此基础上形成不同类型的跨国空间。

以标榜"全球化"符号的跨国要素在城市增长联盟的推动下，作用于城市内部空间，建设了一系列具有跨国特征的工业园、城市新区以及城市大型公共基础设施。中外合作的工业园区、世界自由贸易区(Olds，1997)以及服务于全球体育赛事的场馆都是其典型代表。

国家通过大型事件推动了城市的全球化发展。北京之所以能够成功申办和举办 2008 年奥运会，与中央政府的直接或间接参与关系重大，其根本目的在于中央政府借国际化赛事积极向世界展示中国及其首都北京正在走向全球化。通过国际大事件来直接推动城市空间的更新，在中国举办的诸多全球体育赛事，从申办、举办到营销，都离不开社会各界的参与，政府、企业和社会通力合作，在这样的方式下，中国也成为世界上举办国际体育赛事最多的国家之一[①]。中国在 2013～2026 年间，已经和即将举办的具有重大国际影响力的体育赛事超过 43 场，在全球赛事影响力项目(GSI)榜单中的总分高达 40709 分，领先美国的 40619 分[②]，影响力巨大(图 2-3)。

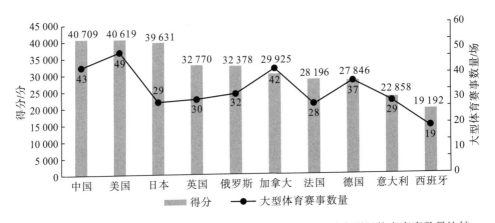

图 2-3　2013～2026 年间已经和即将举办的全球排名前十的重大国际体育赛事数量比较

数据来源：https://m.21jingji.com/article/20190501/herald/2e1201eb6b01def2c6acafdf0240bac0.html。

在不断嵌入和连接到世界城市网络的过程中，世界城市经济、社会、文化、生活等层面逐渐融入全球性要素。与此同时，世界城市内部空间也发生了新的变化、孕育出新的空间类型。这些空间类型包括：①以高级生产性服务业办公空间集聚和跨国公司制造业生产空间扩散为特征的跨国经济空间；②以跨国移民与族裔经济为特征的跨国移民社会空间，如北京望京韩国人聚居区(何波，2008)、上

---

① 世界领先的体育情报服务机构 Sportcal 发布的 2019 年全球赛事影响力项目(GSI)榜单显示，中国是全球体育赛事举办最多的国家。该榜单分析了 83 种运动中 156 类总计 730 多项不同赛事，时间跨度为 2013～2026 年。

② 中国在 2008 年成功举办奥运会之后，就大力发展体育产业，中国全球赛事影响力逐步登上新的历史台阶。此次国家榜单中，中国排名前十，是唯一的发展中国家。

海仁恒滨江园国际社区与古北国际社区(文嫮 等，2005)；③以大型事件举办与国家旗舰项目建设为推动的跨国文化空间；④以跨国机构为动力的世界城市政务办公空间。随着全球化的进程，以经济为主的跨国要素逐步深入到以经济、社会、文化、生活等多层面的综合作用中。因此，从空间的多层面联系角度，Amin(2002)和 Sheppard(2002)指出空间是由跨越国界的经济、社会、文化、技术等多种活动和动力所共同形塑的多样化的空间集合体。

经典理论对以上跨国空间类型都有相应的解释。其中，国际移民与跨国迁移网络理论解释了跨国移民社会空间的形成机制；新国际劳动分工理论揭示了世界城市内部跨国经济空间的服务性产业指向特征；跨国文化空间与跨国生活空间是一类多元化空间，后现代主义理论主张去中心化，支持跨国文化空间的"文化多元"，这种文化多元解构了处于全球化世界中的地方，揭示了地方的动态性、全球性等特征，为跨国文化空间与跨国生活空间的研究提供了理论支撑。由于不同世界城市发展的历史过程不同，城市本身的经济、社会、种族、文化等方面有差异，在全球化影响下其内部空间演变的过程与动力同样存在着多样性(Marcuse and Kempen，2000)。Amin(2002)、Jackson 等(2004)学者已经意识到了多种跨国要素作用下的空间特征，指出其全球化空间的多样性和跨国社会关系的"移植"带动的空间转型，丰富了跨国空间研究的理论基础。

第3章 跨国空间的形成逻辑

3.1 理论视角

3.1.1 对跨国空间的解构

世界城市的发展具有有别于非世界城市发展的特征,差异是包括多个层面的,如制度、经济结构和社会结构等。城市内部空间是诸多差异中的一个,表现为:①社会空间分异出多样化的类型;②跨国要素增多且在特定的空间集聚;③形成以族裔经济为特征的族裔聚集区;④CBD 不断受到全球化作用力的影响而表现出新特征;⑤时尚化生活方式首先在世界城市中流行和扩散,这些不同的经济、社会、文化特征在城市内部特定的场所空间中表现出来。为厘清世界城市内部具有跨国特征或跨国文化要素空间的生产过程,引入空间生产的理论,从宏观层面解构世界城市整体发展与局部空间的互动作用及内部跨国空间塑造的资本、权力、制度。此外,本书引入日常生活理论解析跨国空间内部行为主体的社会生活联系对空间生产的影响与作用机制(图 3-1)。

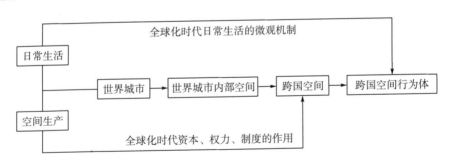

图 3-1 跨国空间的理论视角解构

跨国空间作为世界城市的一类典型性空间,一方面是全球化时代资本的跨国流动等经济社会的宏大叙事造就的;另一方面也是不同社会群体的日常生活微观作用生成的。那么,二者是如何生产和互动的,这是本书的核心关注点。因此,本书不仅对跨国空间内的实体要素进行统计分析和地理叙事,而且对跨国空间内的各种行为体的日常生活进行系统解读。

3.1.2　全球化与地方化

本书的案例地解析将全球化与地方化理论探讨贯穿其中。首先，选取英国杜伦、中国广州和中国重庆为案例城市，在把握跨国空间产生背景、演进逻辑和经典理论解释的基础上对以上城市及其内部跨国要素集聚的区域展开详细分析和地理叙事，从空间生产和日常生活的视角解释其形成过程和内在作用机制；其次，在这些中外城市内部选定案例区域，对各自案例地的生产过程和形成机制进行一般性的总结和归纳，以期能够说明世界城市跨国空间生产的多样化模式以及在不同的模式下暗含着的国家制度、历史作用和地方环境的差别；再次，总结世界城市跨国空间生产的意义和价值；最后，联系世界城市在全球经济、社会、生活、空间中的重要地位，提出世界城市跨国空间的空间价值观和包容性社会治理对策，这是生活在所有世界城市及其他城市中的人们永恒追求的生活目标，即生活的希望在空间中，我们该如何营造空间和确立怎样的价值观。

此外，由于我们处在一个日益发达的网络世界中，足不出户就有可能对异域风情和他国社会文化景观有所了解。全球化与地方化生活片段的短视频以及观众的评论互动组成了一个虚拟的跨国空间想象。因此，为全面揭示跨国空间的类型，本书的案例研究增加了对中国乡村田园生活全球化传播的网红短视频的解析，以多维度、多视角的研究理念全面反映跨国空间的类型。

3.2　理论基础的解读与应用

3.2.1　空间生产理论的解读与应用

空间生产理论是我们理解资本主义发展和我们自身所处的现实世界的重要的跨学科理论。亨利·列斐伏尔(Henri Lefebvre)是法国马克思主义哲学思想家和城市社会学的奠基人，他在《空间的生产》一书中，详细论述了"空间的三元统一与辩证过程"；提出了"(社会的)空间是(社会的)产物"的核心观点。其核心观点认为：①社会空间是一种特殊的社会产品，历史上每一种特定的空间形态和模式都是特定的社会造成的，因此社会空间具有历史性特征；②每个社会都有自身主导的实践方式，而不同社会的主导实践决定了空间生产的独特方式；③三位一体的空间含义是帮助我们理解世界的重要概念，具体说来，它是空间实践、空间表征和表征空间的三元统一(图3-2)。

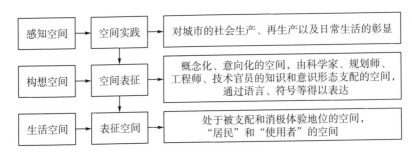

图 3-2　列斐伏尔的空间生产过程

资料来源：根据 Henri Lefebvre 所著的 *The Production of Space*（英文版，译者为 Donald Nicholson-Smith）一书整理归纳总结。

　　以亨利·列斐伏尔、戴维·哈维、曼纽尔·卡斯特等学者为代表的新马克思主义学派，重视资本和制度对城市空间的思考（叶超和柴彦威，2011）；以米歇尔·德塞图（Michel de Certeau）、爱德华·索亚等学者为代表的后现代主义学派（王丰龙和刘云刚，2011，2013），从解构社会文化以及日常生活的角度去阐释城市空间、城市社会的发展。

　　空间的生产就是"空间被开发、设计、使用和改造的过程"（Lefebvre，1991）。空间的生产不是社会生活偶然的副产品，而是空间本身建构的本质，经由地理来造成差异，从智力上来说，必须"倾听"差异的空间。本书以"跨国空间"这个十分典型的"差异空间"为基础，深入解读与挖掘这一空间生产与城市化、全球化及城市发展的联系与作用。从这个"差异空间"出发，解读全球化时代，世界城市内部空间（地方）发生了怎样的变化。经分析，这种变化所反映出来的空间特性镌刻着全球跨国要素的流动和地方独特的发展历史，二者同时存在且相互重叠（Amin and Thrift，1995）。空间生产的实证研究基本上可以分为两个维度：一是对城市化过程和城市发展的解读（杨宇振，2009，2014）；二是对城市内部空间及其城市社区的个案研究（柴彦威，2012；孙九霞和周一，2014；周尚意 等，2015）。前者多为宏观的视角，后者多为微观的视角。微观的社会行动与宏观的制度结构是开展跨国空间研究不可或缺的两个理论视域和解构框架。

3.2.2　日常生活理论的解读与应用

　　空间生产改变的不仅是经济、文化，更是生活。皮埃尔·布尔迪厄（Pierre Bourdieu）的"文化资本"理论认为，"社会象征空间"和"社会生活空间"是解释社会权力运作模式的核心出发点。日常生活是一个包罗万象的领域，它蕴含着人们生活的状态，以及被不同状态所塑造的各种行为。阿格妮丝·赫勒（Agnes

Heller)认为，日常生活就是生产要素的集合，这个集合促成了社会再生产并使社会再生产成为可能。

在日常生活领域，大众的实践以一种悄无声息的方式应对着宏大叙事对生活的操纵与运作。社会象征空间以一种强势的姿态得以展现，摩天大楼、豪华商场、星级宾馆这些具有现代消费特点的地景占据着城市最为优越的区位，而普通大众的生活空间不断被边缘化，社会生活空间以另外一种柔性的方式进行着表面的"迎合"和本质的"抵抗"。在全球化的浪潮下，商业消费与普通大众的日常消费成为并行不悖的两个空间生产逻辑。工作、休闲成为日常生活的重要领域，因此，不同社会群体的日常消费活动和日常交往活动是透视社会再生产、空间再生产的两个重要视角(包亚明，2006；吴飞，2009)。米歇尔·德塞图在日常生活实践方面，提出了抵制理论(resistance theory)。探讨弱者的权力是如何成功实现的，而抵制的策略和方式是多变的和不一致的(包亚明，1997)。其中，柔性抗争、柔性渗透、选择性迎合与融入等弱者的战术与策略是重要的实践形式。

本书试图运用空间生产理论和日常生活理论从宏观和微观两个视角，阐释世界城市跨国空间生产的多样化机制，并从中得到"空间"的启示。

3.3 案例城市及其研究区域

3.3.1 案例城市的选择

本书的案例城市为中国广州、中国重庆和英国杜伦，主要基于以下三点：①城市全球化发展进程明显，在世界城市体系中居于重要层级；②这些城市在某些行业或领域具有全球的影响力；③基于世界城市的多样性，案例城市兼顾国内、国外，并考虑了不同的社会制度、发展历史和城市规模等因素。

1. 中国广州

广州是中国国务院定位的国际大都市、国家中心城市和国家三大综合性门户城市之一。它是海上丝绸之路的起点之一。2015 年，广州有华侨华人、港澳同胞和归侨、侨港澳眷属近 400 万人。其中，海外华侨华人、港澳同胞共计近 240 万人，来自世界 130 多个国家和地区，主要集中分布在亚洲、北美洲、大洋洲及港澳地区。截至 2020 年 12 月，广州市下辖 11 个市辖区(包括"老七区"：越秀、海珠、荔湾、天河、白云、黄埔、南沙；"新四区"：番禺区、花都区、从化区、增城区)。2020 年，广州地区生产总值为 25019.11 亿元，居中国城市第四位，次于上海、北京、深圳。2020 年，广州常住人口达到 1867.66 万人，其中户籍人口为 985.11 万人，非户籍常住人口超过 930 万人。广州作为对外贸易的窗口，外籍人士众多。截至 2020 年 4 月 10 日，在广州居住的外国人为 30768 人[①]，其中人数较多的为：韩国人 4600 人，日本人 2987 人，美国人 2724 人，加拿大人 1832 人，俄罗斯人 1422 人，非洲国家人员 4553 人 。截至 2019 年 4 月，广州共计有 64 个总领事馆。

中国广州是一座快速发展的世界城市，同时也是中国城市转型发展的典范城市之一，是全球化、市场化发展模式以及中国社会渐进式改革多重作用下表现最为突出的城市之一。在这种多重作用之下，城市内部空间发生着深刻的变化。这种变化具有阶段性特征，在不同阶段分别有不同的要素作用，其中，在一些特定的阶段，跨国要素的作用非常明显。具体表现为：①第一阶段，鸦片战争前，广州"一口通商"的历史延续了三百年，当时的十三行是重要的外贸机构。十三行的各国商馆集于一处，邻近珠江，成为广州对外贸易的集中地，当时的广州港出口总值占到全国的 80%左右(姚贤镐，1962)，成为中国最早有跨国要素介入的城市和区域，承担对外贸易和通商口岸的职能。②第二阶段，半殖民地时期，租界成为广州城市空间的一个具有差异性的矛盾空间，具体的租界位置在沙面，邻近"一口通商"时期的十三行，那时的沙面俨然一座独立于广州之外的"欧洲小城"，租界内部居住着来华做生意的法国、英国商人，不允许华人居住，外资公司和外国银行不断迁入，建有公园、医院、教堂等设施。第二次世界大战结束后，沙面租界也告终结，一些洋楼馆舍得以保存，至今还是一个具有欧陆风格的跨国空间(李倩菁和蔡晓梅，2015)。③第三阶段，广州城市空间得以扩展，外资企业持续增加，1937 年以前，外资企业得以大幅度扩展，靠近沙面的沿江地区和民国时期的新建马路一带成为外资企业集中布局的区域。④第四阶段，计划经济时代，在中央政府的支持下，为发挥广州的侨乡人脉优势，从 1957 年开始，以中国进出口商品交易会(简称广交会)为媒介，形成了具有国际意义的会展空间，推动了广州的全球化发展，同时也巩固了广州作为全国对外贸易窗口的城市职能，广州也成为中国计划经济时代看世界的"窗口"和外国商人频繁往来的城市，为日后进一步的发展奠定了基础。⑤第五阶段，2000 年以来，广州城市全球化发展提速，全球化将西方文化时尚裹挟到城市空间的重构中(吕拉昌 等，2006)，城市空间在跨国要素作用下发生全面转型。

2. 中国重庆

重庆为中国西部地区对外开放程度较高的城市，为"一带一路"和长江经济带的重要联结点城市。重庆为西南地区交通枢纽城市、国家中心城市和成渝地区双城经济圈核心城市之一。本书选取重庆为研究的案例地，在以下四个方面具有

[①] 由于新冠疫情的原因，统计时还有五万多名外国人没有返回广州市。

典型性和代表性：①城市全球化发展进程明显，在世界城市网络中处于高效率
（high efficiency）层级，且上升势头强劲；②重庆具有强烈的推进世界城市建设的
战略意图和国家"一带一路"倡议支持，跨国要素与跨国实践类型多样，受到全
球关注；③重庆是中国的西部城市，跨国空间发展与东部沿海城市具有差异性，
且历史上为战时首都、陪都和世界反法西斯战争远东指挥中心，具有特殊的跨国
要素作用；④三峡库区（重庆段）是世界级资源和巨型水利工程项目所在地，也是
水利库区移民、生态环境保护示范区。

　　3. 英国杜伦

　　杜伦是英国北部依山而建的一座小城，威尔河向北流过城市，城市中心三
面被水环绕，形成杜伦半岛。城市中心很小①，由一个广场（market palace）和一
条商业街（shopping street）构成。截至 2019 年底，杜伦城市人口为 4.8 万人，人
口密度为 1500 人/km²。杜伦拥有悠久的历史，是一个由大学和教堂组成的城市。
诺曼大教堂（The Norman Cathedral）是世界上最美的哥特式教堂。教堂对面是一
座古城堡，这座城堡秉持"在利用中保护"的理念，承担着大学宿舍的功能。
城堡和教堂是世界文化遗产。这里有世界一流的博物馆、戏院、电影院、游泳
池、音乐会、剧院等文化艺术设施。杜伦很好地处理了历史遗址、大学与城市、
城乡一体化等方面的关系。

3.3.2　案例城市的研究区域

　　将中国广州环市东、中国广州天河北、中国重庆鹅岭、中国重庆红岩村、
英国杜伦城堡与大教堂等作为研究区域（表 3-1），是因为在三个维度上具有代表
性：①区位层面，案例区域皆位于案例城市的中心位置，是经济、社会、文化活
动的集中区域，是全球化要素和地方化要素最为集中的区域；②空间层面，案例
区域的空间形态、结构功能都经历了非常复杂的叠合变化，有助于深层把握跨国
空间的形成机制；③时间层面，案例区域的跨国空间都经历了长时段的累积发展，
具有鲜明的阶段性特征，动力因素和当地居民的互动也具有历史方面的作用。总
之，这些案例区域具有极强的典型推广效应和代表性。第 6 个案例区域来自网络
的 M 网红视频，通过短视频的全球平台（YouTube），解析短视频作为一个文化传
播的窗口是如何完成跨国空间想象和构建的。

---

① 整个杜伦中心被指定为保护区。该保护区于 1968 年 8 月 9 日被首次指定，并于 1980 年 11 月 25 日进行了扩
　建。除了城堡和大教堂，杜伦还包含 630 多座受保护的建筑，其中 569 座位于市中心保护区内。

表 3-1 案例城市和案例区域

案例城市	中国广州		中国重庆		英国杜伦	网络平台
案例区域	环市东	天河北	鹅岭	红岩村	杜伦城堡与大教堂	M 网红短视频
代表类型	混合型	商务型	拼贴型	景区型	遗产型	表征型

3.4 世界城市空间的全球-地方互动

3.4.1 国际商务区的兴起

跨国商务区(transnational business zone)，是跨国企业、高级生产性服务业企业的生产、销售、服务、办公的集聚区，跨国经济往来非常频繁。典型的包括跨国公司总部所在地(Jones，2002)、城郊巨型工业园的全球性生产空间(George，2011；赵新正 等，2011)、生产性服务业的办公区(宁越敏，2000；Parnreiter et al.，2013)和城市高端商务办公空间。跨国公司是经济全球化的主体，是推动世界城市空间转型与重构的重要行为体。跨国公司在先进的通信信息技术条件背景下，将设计、研发、生产、组装、销售等环节向全球尺度扩展，以求得成本的最小化和利润的最大化，分工的细化促使新技术、新知识不断涌现，并在全球得以扩散和传播。跨国公司专业化部门的全球扩展和内部治理结构的不断优化，加速了生产性服务业的发展。然而，跨国公司和生产性服务业的发展和空间布局，尤其是跨国公司总部和高级生产性服务业的空间分布是极其不均衡的。跨国公司总部和高级生产性服务业企业往往位于世界城市体系的顶端位置和城市内部的中央商务区，两者的互动发展致使其邻近布局。生产性服务业特别是高级生产性服务业企业(会计、法律、保险、银行、管理咨询、广告)承担了大部分跨国公司的外包业务，为降低成本并保证其服务质量，二者往往邻近分布且在城市中心区域布局。更为重要的是，二者的互动发展是跨越国界的，跨国关系成为其联系的突出表现，以国家为主体的经济关系转化为以城市为主体的业务关系。跨国公司和高级生产性服务业企业成为重要的跨国行为体，通过其业务往来和频繁互动重塑世界城市空间秩序，世界城市中心商务区在其作用下分化或孕育出新的空间类型——跨国商务区(O′Neill and M′Guirk，2003；Parnreiter，2015)。互联网和航空的发展降低了跨国交往的成本，而传媒业的及时性扩散，使得信息、人员、财富等世界城市发展的关键性要素在特定的空间范围内发生作用，并进一步强化和固化，世界城市的 CBD 区域正在发生着"无国界的"重塑与转型。

3.4.2　社会空间的碎化分异

跨国移民社会空间的产生是世界城市社会空间分异的一个显著性特征。对其产生逻辑的理解分为以下三个层次。

1. 产业结构调整带来的跨国移民二元化

Friedmann 的世界城市假说明确指出，城市在嵌入经济全球化的过程中必将对其内部空间结构产生深刻影响。Sassen（2001，2002）认为，世界城市集聚了从事高级生产性服务业的城市精英以及为其服务的生活服务业从业人员，两类不同群体的迁移超越国家边界，在纽约、伦敦、东京等世界城市间进行着持续的流动、迁移，对城市社会结构产生"两极化"影响的同时，导致社会空间的极化。从Friedmann 世界城市劳动力的分化、职业群体、收入结构的变化到萨森（Sassen）明确提出世界城市的社会极化，再到莫伦科夫（Mollenkopf）劳动力市场的二重性以及哈姆尼特（Hamnett）对社会极化的争论（Hamnett，1994，2003）。总体而言，欧美世界城市的社会极化与空间极化异常明显，甚至一些学者认为这是世界城市发展无法回避的弊端（van Kempen，1994），而这种极化状态与世界范围内的跨国移民和跨国迁移具有非常紧密的联系。欧美世界城市产业结构的变化导致其出现了社会极化和劳动力市场的二元化分割（dual nature），这种产业结构和收入结构的巨大变化具体表现为制造业部门数量的缩减和服务业部门数量的增长。在此变化的基础上，这些世界城市对专业性与非专业性劳动力的需求增加，这种转变致使具有工会传统的、以男性就业为主的技术性和非技术性工作大量减少，而处于社会结构两端的高收入、高技能的专业化从业人员和低收入、低技能的生活服务业从业人员增加。因此，世界城市成了集中高收入和低收入群体的地理空间单元，而处于两个群体间的中产群体则迁移出这些城市，这些城市成为社会极化最为严重的地理空间。在世界城市内部，两类社会群体在生活方式、消费特征等方面存在着巨大的差异且彼此隔离。在社会结构层面表现出群体的断裂和自我隔离，社会极化的趋势愈演愈烈。在空间层面表现出高、低收入群体的社会生活空间向相反的方向发展，彼此逐步隔离，世界城市社会空间表现出极大的分离取向。例如，纽约、旧金山和洛杉矶等美国世界城市有着近似的社会空间隔离形态。

2. 世界城市社会结构与社会空间分异的极化

在世界城市社会结构不断极化的影响之下，世界城市的内部空间结构被分割为"城堡"和"贫民窟"。城市基础设施在空间极化的过程中进一步不均衡化，甚至固化，反过来基础设施的不均匀化也成为空间极化的物质原因（Graham，2000）。而与此同时，像伦敦金融城、巴黎香榭丽舍大街、纽约华尔街等跨国社会空间却成为其引以为傲的"景观"。因此，欧美世界城市社会空间的一个突出特征就是"空间极化"（顾朝林和C.克斯特洛德，1997；李志刚 等，2007）。虽然，不同学者对此产生的原因和理解有不同的看法，但这是其最为典型的社会空间特征，在这一特征下，城市空间被"分割"与"碎化"（Marcuse，1989），且缺乏真正意义上的社会生活联系，"一个城市，两个世界"的社会结构和社会生活景观使得世界城市成为"财富"和"贫穷"的矛盾统一体。

　　3. 世界城市族裔经济区、族裔聚居区、国际社区的大量涌现

　　以跨国移民为基础，在世界城市内部出现了族裔经济区（李志刚和杜枫，2012；刘云刚和陈跃，2014；周雯婷和刘云刚，2015）、族裔聚居区（Østergaard -Nielsen，2001；李志刚 等，2009）和国际社区（钱前 等，2013），这些具有跨国特征的社会空间嵌入到世界城市特定的空间内，或者说，由于跨国移民等跨国要素的进入，世界城市内部空间分化出新的空间类型。这些具有跨国特征的新社会空间，丰富了地方化的内涵，也成为世界城市发展的重要特征。社会学者在此方面的著述较多，典型的有美国世界城市纽约的唐人街研究，对华人聚居区经济和社会文化的联系及对城市内部空间产生的影响，在融入模式比较、理论总结方面有大量的实证研究成果（Zhou and Logan，1989，1991；Zhou，2010）。族裔经济区、族裔聚居区、国际社区在欧美世界城市早已有之，21世纪以来，这一现象在中国世界城市逐步显化。如何管控好、协调好这些跨国要素植入后的世界城市空间效应，建立起空间治理机制是中国建设世界城市面临的挑战，也是必须要解决的问题。

3.4.3　大事件和国家旗舰项目

　　大事件[①]和国家旗舰项目[②]是直接推动城市全球化的重要途径，也是提升世界城市形象的巨型工程（吴志强，2008）。巴黎的马塞纳北部街区，柏林的波茨坦广场，迪拜的市中心区（Downtown Dubai），温哥华的福溪北岸（False Creek North）等都是通过政府参与的国家旗舰项目建设成世界城市重要的文化空间（Firley and Grön，2014）。城市政府通过举行各种大事件活动，整合、优化城市资源，通过营销向全球展示其城市发展的业绩，刺激投资、旅游、开拓市场，提升全球知名度（彭青 等，2009；吕丽 等，2012；何深静和刘臻，2013；王朝辉 等，2013）。21世纪以来，北京奥运会、上海世界博览会、深圳第26届世界大学生夏季运动会、广州亚运会等一系列世界性展览会和国际赛事的成功举办，加快了北京、上海、深圳、广州建设世界城市的步伐，重要比赛场馆的会址所在地经历了急剧的空间转

---

① 大事件指重大展览会、博览会等文化性和体育性的事件，如世博会、奥运会、亚运会等；
② 国家旗舰项目是指国家出于推动地方发展或决定推行新的区域发展与管理政策时所实施、批准的巨型工程项目，如港珠澳大桥、杭州湾跨海大桥。

型，并成为世界城市的象征性、展示性空间。这些展示性空间吸引着众多国内外游客，比赛场馆成为城市的地标性建筑，赛事或节事举办地成为城市的标志性空间，并引发了产业空间、消费空间、社会空间的更新与重构。世界城市的内部空间在这一因素的诱发下，发生整体性内部空间重塑，特别是大型购物中心、星级宾馆等高端时尚消费空间的邻近布局，将大事件影响下的"事件空间"升级为"消费体验空间"(Orueta and Fainstein，2008)。大事件催生了世界城市新的空间生产并带来一系列连锁效应(于涛 等，2011)：大事件带来众多国家建设项目和优惠政策，城市基础设施和实体空间直接发生越级发展，成为世界城市更新和内部再开发的催化剂(张京祥 等，2013)。世界城市社会空间得到跨国和国际层面上的"凝视"和"关注"，促进了城市社会在众多层面上的社会互动和邻里更新。大事件带动了"城市增长联盟"的形成和博弈(张京祥 等，2008)，同时，由大事件活动驱动的"国际赛事空间"的形成本身成为建设世界城市的途径。

大事件和国家旗舰项目推动的跨国文化空间生产，往往与政府、跨国商业资本联系在一起。此外，跨国文化空间的形成还与地方化的历史、艺术文化设施的文化活动具有继承与更新的生产关系。柏林爱乐乐团音乐厅的驻地——波茨坦广场就是一个典型的例证，每年柏林爱乐乐团的新年音乐会都会在柏林爱乐乐团音乐厅举办，全世界的音乐爱好者和知名的指挥家以及音乐文化公司的专业化人士都会齐聚波茨坦广场，提高了其全球的知名度和全球化水平。由此可见，某一具有跨国特征的艺术、文化设施驻地也是推动世界城市跨国文化空间生产的动力要素之一，它往往具有某一类文化群体的专属性特征，同时又对全世界开放。

3.4.4　跨国机构的集聚

全球化时代，经济、文化类组织越来越多，而不以营利为目的的跨国机构数量、类型也呈现快速增加的态势(梅琳和薛德升，2012)。跨国机构通过跨越国家边界行使其专业化的职能或提供专业化的服务，这一机构集中分布于全球一部分城市，而在这些城市内部，跨国机构又往往呈现集聚分布的状况(Tarrow，2001；Whitley，2003)。在此方面，日内瓦、纽约、布鲁塞尔、卢森堡、伦敦、华盛顿、巴黎、北京、内罗毕、曼谷等城市是重要的跨国机构集聚分布的城市。跨国机构集聚分布的办公空间往往占据城市内部的优越区位，或为城市发展的历史中心，或邻近城市政府机构所在地。跨国机构及相关的国际组织也成为典型的重构世界城市内部空间的经济、文化动力因素，表现在跨国机构集聚区的社会环境、居民结构的绅士化和社会区域发展(Morgan，2001)。具体到我国，跨国政务办公空间常常追逐城市新区、城市核心商业区等具有曼哈顿式建筑景观的城市区域。一个生动案例就是广州跨国政务办公空间，其经历了从集中分布于流花路、环市东路到扩散于天河北、珠江新城的发展过程(梅琳 等，2012)。而天河北、珠江新城皆为广州城市发展的新区，是城市中央商务区的重要组成部分。从这一点看，中国部分正在发展中的世界城市跨国政务办公空间对中央商务区、城市新区、政策性优惠区域具有一定的依附性。

3.4.5　国际化生活方式的全球扩散

1. 世界城市绅士化推动社会空间转型

绅士化是城市社会空间重构过程中城市发展的全球性现象，世界城市的绅士化类型和发展趋势非常明显（Carpenter and Lees，1995）。巴西的圣保罗、里约热内卢，美国的纽约、克利夫兰，埃及的开罗，中国的上海，挪威的奥斯陆等重要的世界城市或发展中的世界城市，绅士化发展的特征极具代表性。绅士化也成为世界城市社会空间演变的重要推动性因素，特别是绅士化逐渐与跨国社会空间联系起来（何深静和刘玉亭，2010）。由商务精英所推动的绅士化与世界城市内部空间的跨国要素及跨国文化设施具有重要联系（Franzén，2005）。然而，在世界城市内部空间极化趋势较绅士化将更为明显（Bridge，1995；Smith，2002）。但毋庸置疑，绅士化在城市社会空间转型中发挥着重要作用，尽管不同学者对绅士化持不同的见解（Clark，1992）。

2. 世界城市郊区化带来城市空间的"碎化"

欧美世界城市的市郊区域在全球经济体系的影响下，不断有高薪收入群体迁入，随之而来的便是大量新住宅的建设和小企业的迁入，郊区化成为世界城市资本流向的一个符号特征。世界城市郊区在职业类型、社会群体和少数民族等社会特征方面表现出与旧城中心不同的特征（Goix and Vesselinov，2015）。世界城市的资本自由流动、社会福利损失和政府权力削弱，加剧了社会结构中的群体"隔离"现象（Handel，2014）。郊区成为富裕群体、公共服务设施、社会福利设施布局的富集区，也成为一种高尚生活方式的代名词，出现大量防卫型社区（gated community）（Goix and Vesselinov，2013；Lo and Wang，2013；Tanulku，2013），而内城则成为"底层群体"的聚居区（underclass ghetto）（Crump，2002）。换句话说，世界城市郊区化的发展导致了城市整体空间的"碎化"和"分割"。世界城市的郊区化成为城市社会空间极化的另外一种表现形式。

3. 全球去地化的消费空间与全球在地化的文化空间

全球化时代，消费成为城市生活的核心，城市内部各种消费空间类型不断涌现，并对社会文化和城市空间带来巨大影响（张敏和熊帼，2013）。消费的产品、方式、空间越来越多样化，消费倾向表现出复古化、个性化，并与全球化背景下消费的同质化、同步化并行不悖地发展。具体表现为：大型国际商务中心广场的批量式生产，广场内部世界顶级品牌的珠宝、首饰、服装等商品一应俱全。在国内外重要的中心城市，大型购物商场内部，装饰的材料、灯光效果以及消费群体呈现出全球化的福特制生产模式，消费的语境转向高端化、品牌化、娱乐化、享乐化。批量化的全球化消费空间在世界城市扩散，顶级品牌连锁店、一站式购物中心、时尚品牌旗舰店、体验店、商业步行街等不同尺度的消费空间成为世界城市甚至一般城市的符号化特征，消费行为成为颇具象征意义的文化操控，消费也使得日常生活变得更加"刺激"和富有"创造性"（王宁，2012）。在最能体现国际化生活方式的城市餐饮文化方面，世界城市内部集聚了越来越多跨国主题的餐厅和饭店。实际上，跨国主题的餐厅是各类型跨国社会文化场所中最具可达性的一类生活资源，也是世界城市生活空间丰富性、多样化的重要体现（Eade，2003）。

　　总而言之，全球的消费空间成为全球去地化的一个非常显著的特征，地方化的消费空间被边缘化（Chatterton and Hollands，2002），而部分充满历史文化风貌特征的消费空间却以"文化消费"的方式受到推崇（张京祥和邓化媛，2009），实则是全球在地化的一种表现形式，地方特色的历史、文化在全球化的浪潮下得到另外一种意义上的"复兴"，但是仍未摆脱商业消费的资本趋利性，历史风貌型消费空间恰恰是商业资本逐利的文化寻租，并不是真正文化生活空间的新生。

第4章 跨国空间要素的构成体系

4.1 跨国实体要素

跨国实体要素是跨国空间形成的重要驱动载体,跨国实体要素是为跨国资本、跨国群体、跨国事务提供服务的空间形式和单元,也是全球的金融、资本、信息、机构、国际化专业人士融入全球圈(global circuit)和参与跨国事务的资源配置中心。从跨国资本进驻和跨国群体生活行为需求的角度,可将跨国实体要素分为三类,主要包括高星级酒店、高级写字楼和高端商业综合体。三者的集聚分布往往成为跨国功能要素进入和相互作用的场所,也是世界城市跨国实体空间的显性符号和主要标志。

4.1.1 高星级酒店

高星级酒店综合服务比较齐全,是社交、会议、娱乐、购物、消遣、保健等活动的中心。高星级酒店往往是国际商务人士跨国跨地域开展专业事务和洽谈跨国业务的流动空间,也是国家元首、政府首脑、跨国财团管理层进入一个(世界)城市的重要地点。一个城市拥有高星级酒店的数量可以判定其在世界跨国事务往来中的重要程度,也可以体现该城市的国际化水平,同时也是当地居民和游客商务、闲暇和娱乐行为的空间再现(王兴中,2009)。高星级酒店往往具备国际化的统一设施配置,如装饰豪华、规模较大、多文种标志、分区段设置接待以及 24 小时工作人员在岗等。其中,具备两种或三种语言服务的硬性规定为跨国人士在异地的生活提供了便利,同时也起着跨国文化体验的缓冲器功能,以最大限度地在短时间内克服跨国生活的不适应感。Ley(2011)认为,那些财产、权力具有优势地位的跨国专业人士在他国的城市生活却面临着诸多挑战,语言、文化及家庭的不稳定感是重要的原因。高星级酒店的国际化服务则是跨国专业人士跨国生活的保障,其中,中西餐饮、商务会议、生活休闲等高星级酒店附属的商业娱乐场所是国际商务人士开展跨国业务洽谈的重要设施。由于高星级酒店对从事跨国业务的商务、政要人士具有吸引力,也是世界城市游憩场所必备的物质实体条件,故高星级酒店是重要的跨国实体要素之一。

4.1.2　高级写字楼

写字楼(office building)是专业商业办公用楼，是由办公室组成的大楼。关于写字楼的划分，国内外有不同的等级标准。高级写字楼一般位于城市交通便利、基础设施完备的 CBD 地区，其功能在于信息的收集、决策的制定、文案的处理和其他形式的经济活动管理(Rhodes and Kan，1971)。高级写字楼内部集中了众多的跨国公司总部和生产性服务业企业，这两类具有跨国特质的企业及企业部门是世界城市重要的经济单元，而承载这些重要经济单元的实体就是高级写字楼。高级写字楼是从事跨国商务、政务人员的工作空间，供跨国精英人群，如跨国机构、政府机构的行政管理人员以及文化教育、金融、保险、律师等人群办公使用。从其功能分类，可以分为三类：单纯型写字楼，仅有办公一种功能；商住型写字楼，兼有办公和住宿的功能；综合型写字楼，以办公为主，兼具商娱功能的写字楼，但是办公是最为主要的功能。由此可见，高级写字楼与跨国公司总部、高级生产性服务业企业的办公空间具有天然的依附关系。城市如果没有高级写字楼这一实体要素，是难以吸引跨国公司企业总部、全球重要研发部门等具有跨国意义的行为体的。高级写字楼往往集聚于城市的某一地区，是一个城市现代化水平的符号，与城市的居住空间形成强烈对比。

4.1.3　高端商业综合体

商业综合体以其业态多样化与消费高端化的特征成为代表城市品牌与生活方式的标志区，一个具有世界意义的城市必然具有一个或多个功能齐备、引领时尚的高端商业综合体。它是城市居民休闲需求的基本城市设施，随着城市全球化水平的提升，高端商业综合体成为彰显城市地位与功能的城市生活设施，其基本的实现方式为：消费功能+国际化商业模式+多样化的商业品牌。在城市内部，高端商业综合体具有高可达性、高密度集约性和功能复合性特征。

高端商业综合体不仅是城市本地居民购物、闲暇、娱乐的空间，也是各地游客和跨国商务人士体验跨国城市生活方式的空间。特别是在一些具有世界影响力的城市，高端商业综合体日渐成为跨国购物、文化体验、旅游观光的生活场所。比如，柏林购物中心(Mall of Berlin)和广州的高端商业综合体中信广场、太古汇都具有这方面的功能。这些高端商业综合体已经成为当地居民的商业购物中心、跨国游客介入的城市旅游景点和跨国商务人士认识城市发展轨迹的地点。高端商业综合体的建筑形态和建筑景观以及建设、运营、管理、服务等一般都有大型跨国公司的参与或者以合资合作的形式进行，跨国企业、全球化因素和地方化因素都会融入进来。因此，高端商业综合体是跨国空间的重要实体构成要素。

4.1.4　专营性质的跨国实体机构

专营性质的跨国实体机构主要指具有跨国连接特征的实体单元和要素，它们往往涉及全球化和地方化的日常（生活）事务，无论是事务的跨国性还是人员的跨国性都能在这些机构中发生互动作用，它们是不同专业性质的日常和非日常生活行为的承载体。其类型有：（中外）银行、体育（健身）中心、全球或跨国媒体（分支）机构、相关专业协会或社会组织、国际连锁便利店和原真性地方生活设施六类跨国实体机构。其中，原真性地方生活设施之所以具有跨国特征，是因为跨国群体的文化体验需求，真正具有地方原真性的生活场所（设施）往往具有跨国的吸引力（Zukin，2011）。

4.2　跨国功能要素

跨国功能要素是研究跨国空间形成和发展的基础条件。跨国空间的形成正是跨国功能要素积聚到一定程度的空间表现形式。全球化时代，城市发展不断融进跨国要素及非地方化因素，一方面推动了城市的发展；另一方面，标志着城市在不断走向全球，在经济、社会、文化等各个层面建立了跨国连接。从而与世界其他国家、地区、城市建立起网络关系，而世界城市往往是这些网络关系中具有控制和管理职能的节点。因此，世界城市的跨国功能要素集聚度要远高于一般城市，尤其是跨国公司总部和功能型机构方面。然而，世界城市不仅有经济生产的一面，同样也具有社会生活的一面。所以，生产性跨国功能要素和生活性跨国功能要素是其重要的组成部分。生产性跨国功能要素主要包括：跨国公司（地区）总部及其功能性机构和生产性服务业企业；生活性跨国功能要素主要包括：跨国生活场所、涉外增智型国际教育培训机构。此外，以处理涉外和国际事务为主要业务的跨国机构是第三类跨国功能要素，它兼具生产和生活的功能。

4.2.1　跨国公司（区域）总部及其功能性机构

跨国公司（区域）总部及其功能性机构是一类非常特殊的功能要素，是跨国公司得以在全球运行和制定全球战略框架，进行统筹管理和协调的中枢机构。这些机构在联系公司总部与子公司的同时也联系着全球范围内的不同城市（Yeung，1997）。功能性机构指结算中心、运营中心等承担部分跨国公司（区域）总部职能的机构，负责制定公司区域性经营战略的组织机构。跨国公司（区域）总部及其功能性机构的办公室多数集中于城市高级写字楼内，但其控制能力却超越国界，进入了一个去边界化的世界（Yeung，1998），是跨国空间形成发展的重要功能单元。

4.2.2　生产性服务业企业

生产性服务业是促进技术进步、提高生产效率、保障工农业生产活动有序进行的服务行业，直接关系着先进制造业、战略性新兴产业的发展。依据我国最新颁布的《生产性服务业统计分类（2019）》，将生产性服务业划分为三个层级，包括 10 个大类、35 个中类和 171 个小类，具体包括为生产活动提供的研发设计与其他技术服务，货物运输、通用航空生产、仓储和邮政快递服务，信息服务，金融服务，节能与环保服务，生产性租赁服务，商务服务，人力资源管理与职业教育培训服务，批发与贸易经纪代理服务，生产性支持服务。从世界城市与生产性服务业互动发展的角度来看，生产性服务业是世界城市经济结构中的重要组成部分，生产性服务业企业集聚的空间对城市内部空间重构具有重要影响。世界城市内部生产性服务业集聚的空间，是世界城市发挥全球作用的重要地点（Friedmann，2001；邱灵和方创琳，2012）。生产性服务业企业，尤其是高级生产性服务业企业，具体指银行、保险、法律、管理咨询、会计、广告六大行业的企业，它们是世界城市发挥其控制功能和网络连接作用的重要依托，这些行业内的企业间以及不同行业间形成的世界城市网络是世界城市研究的一个重要方向（Pereira and Derudder，2010）。

4.2.3　跨国生活场所

1. 跨国主题的餐饮场所

在世界城市内部生活服务性行业方面，最为突出的一个特征就是大量跨国主题的餐饮场所的出现。这些跨国主题的餐饮场所涵盖了世界上的不同菜系，包括中国菜系、法国菜系、土耳其菜系。在中国城市较为常见的跨国主题的餐饮场所有日本料理、韩国料理、法国菜、意大利菜、泰国菜、印度菜、德国菜、西班牙菜等。以经济动力为主的世界城市发展和全球化进程正在向以社会–文化–生活综合动力为主导的方向转换，一个显著的特征就是以跨国异域风格为主题的日常生活场所和生活设施的大量涌现。这一发展趋势表明世界城市的多样化特征已经向生活领域拓展。跨国主题的餐饮场所也成为最容易接近跨国文化和体验跨国文化的地点，同时也是跨国人群社会交往的场所。

2. 闲暇生活场所

闲暇生活场所是城市居民娱乐、休闲、放松等生活行为的生活空间。全球化影响下，城市居民的生活方式不断趋于休闲化。酒吧、俱乐部、咖啡馆等闲暇生活场所越来越成为世界城市的共同特征，且分布数量呈上升趋势，空间布局方面具有集中于专业化的写字楼和传统的富有生活气息的临街店铺两种倾向。从类型上看，主要可以分为文化消遣型(图书馆、博物馆、科技馆等)、康体保健型(网球场、羽毛球馆、保龄球馆、健身房、养生馆、生活馆等)、休闲放松型(动物园、植物园、绿地公园等)三类。这些闲暇生活场所与城市办公空间呈现组合配置的关系，是跨国人群的社会交往空间，也是本地上班族的日常生活空间和大众化的文化消费空间。

3. 专业型文化艺术场所

从文化视角来看，世界城市是众多高等级专业型文化艺术场所的分布地，如巴黎歌剧院、维也纳音乐协会金色大厅、柏林爱乐乐团音乐厅、洛杉矶好莱坞电影制作基地、悉尼歌剧院等专业性文化艺术场所是全世界不同艺术文化爱好者的"圣地"和共享空间，其演出的内容、形式和受众具有非常明显的全球化特征。换言之，推进一个城市融入世界和提高知名度的一个有效手段就是建设世界级的专业型文化艺术场所。然而，这并非一朝一夕就可以建成的，其往往与城市的历史、地位和发展轨迹紧密联系在一起，这是一种独特的跨国功能要素，具有历史性特征。

4.2.4　涉外增智型国际教育培训机构

由于国家间社会文化制度的不同，在世界城市分布着一些移民、留学、语言培训的大型出国服务咨询机构。这些机构聘请一些熟悉多国签证业务、移民门槛、留学技能、语言教育方面的专业化人士作为主要员工。这些熟悉多国社会文化的专业化人士为出国留学和跨国移民提供法律咨询和信息服务。这些涉外增智型国际教育培训机构的负责人往往具有多国工作、生活的背景，是典型的跨国人群。涉外增智型国际教育培训机构一般分布于城市中心的高级写字楼内，这些机构的服务是双向的，其业务范围包括出境和入境两个方面。

4.2.5　跨国机构

跨国机构(transnational institutions)是世界城市的普遍性跨国功能要素，主要包括大使馆、领事馆、不以营利为目的的公共或私人组织，其类型涵盖经济、文化教育、贸易合作、地区安全等多个层面,所有跨国机构都围绕涉外事务而展开。其中,主要的类型有:跨国非政府组织(transnational non-governmental organizations)、跨国政府组织(transnational governmental organizations)、国际非政府组织(international non-governmental organizations)、国际组织(international governmental organizations)等(梅琳 等,2014)。世界贸易组织、国际货币基金组织、外国商会、大使馆、领事馆、联合国组成机构、彭博慈善基金会等是典型的跨国机构。跨国机构在世界城市内部的空间区位趋向于城市中心区、具有历史文化传统的地区以及城市新发展的核心区。高级写字楼是其主要的办公空间,与跨国公司(地区)总部及其功能性机构、生产性服务业企业在世界城市内的分布具有极强的空间关联性。

4.3　跨国空间的界定与特征

在全球化影响下,不同尺度的空间形式和职能在跨国要素组成的网络化联系中不断发生着空间重构。从洲际尺度看,跨国空间是发生在边界区域间的再整合,其发生的动因主要表现为非国家作用者(nonstate actors)的作用网络带来的地理空间邻近的边界区域演化为跨国空间(Chen,2005)。从城市尺度看,世界城市是跨国空间发育的重要载体,主要表现为世界城市内部由于跨国要素的介入和集聚分布而形成新的空间类型。本书所指的跨国空间就是针对世界城市内部的跨国空间。跨国空间既是地理实体空间,也是感知社会空间,包括来自本土以外的要素作用于城市内部,或者跨国文化在本土建成的具有域外文化特征的城市空间景观。从全球网络连接的角度可以发现,跨国空间是连接地方与全球的枢纽区域,超越国与国的视角,以全球尺度审视相互联系的网络化世界。在跨国经济联系、跨国社会流动、跨国文化交流相互作用下,由众多跨国实体要素和跨国功能要素集中分布而区别于本土的空间(意象)就是跨国空间。跨国空间的形成与发展受到跨国实体要素和跨国功能要素的影响,二者缺一不可(表 4-1)。跨国实体要素是跨国功能要素的承载体,跨国功能要素需要借助跨国实体要素才能产生相互作用,两类要素是世界城市建设和发展的重要组成单元,也是全球化时代跨国连接产生的必备条件。二者的组合区域是人员、资本、信息、货物流通的纽带,也是产生跨国经济、跨国社会、跨国文化、跨国生活、跨国网络化联系的区域,其基本特征包括两个国家以上的经济、社会、文化、生活等要素,以跨国行为体为中心,形成具有特定全球-地方联系的网络化空间。

表 4-1　跨国空间的构成要素

跨国实体要素	跨国功能要素		
	功能层次	功能性主单元	功能性亚单元
高星级酒店 高级写字楼 高端商业综合体 (中外)银行	跨国经济	跨国公司(区域) 总部及其功能性机构	总部、地区总部、 功能性部门
		生产性服务业企业	
体育(健身)中心 专业协会 社会组织 全球或跨国媒体(分支)机构 国际连锁便利店	跨国社会-文化-生活	跨国生活场所	跨国主题的餐饮场所 闲暇生活场所 专业型文化艺术场所
		涉外增智型国际教育培训机构	移民、留学、语言教育
原真性地方生活设施	跨国政务	跨国机构	领事馆 非政府组织 国际组织 跨国非政府组织

第二篇　多维跨国空间的生产机制

第5章　商务型跨国空间生产机制

天河北地区为广州 CBD 的组成部分，东至天河东路、体育东路一段，西至天河直街、体育西路一段，南部是天河南路，北部至大都会广场、耀中广场和中信广场一带。此区属天河南街道和林和街道，涉及的社区有天河直街社区、体育村社区和华新社区、雅康社区、侨庭社区。该区是商务办公−高档商业−高档居住的混合城市形态。截至本书调研期间，此区驻扎有众多世界 500 强企业、762 家生产性服务业企业、35 栋高档写字楼、28 家中外银行机构、75 家跨国主题的餐饮场所、12 家大型购物休闲综合体、15 家驻广州领事馆、20 家涉外增智型国际教育机构、1 个大型体育中心、1 个购书中心、14 个中高端住宅小区，其中众多甲级写字楼为国际 5A 级高智能化管理。此区域为典型的商务办公空间和健身康体空间的组合，外资银行(美国的花旗银行、新加坡的大华银行、南洋商业银行)、保险公司、证券公司、贸易公司大量进驻此区域。本区包含众多高端零售商业的消费群体、商务人群、商务旅游人士和高级公寓的居住人群。

5.1　中国广州天河北地景变迁与功能演化

天河区是因天河村、天河机场和天河体育中心而变迁、兴起、发展的一个城区。20 世纪初，天河地区开始修筑铁路、马路、兴建学校和林场，与广州城区开始发生联系。20 世纪 20 年代，天河机场建立后，与广州市区的联系更为密切。20 世纪 30 年代，中山大学和中山公园的建立推动了天河地区现代城市设施的逐步建立，商业、生活服务业、交通运输等行业纷纷得以发展。20 世纪 40 年代，石牌、沙河、五山等地发展速度加快并成为日后城市化的重点地区，公共汽车和马车等交通工具将天河与广州老城区联系起来。中华人民共和国成立初期，众多高校在天河选址办学，推动了天河城市化的进一步发展，较为典型的是分别创办于沙河、石牌的南方大学，以及华南工学院、华南农学院、华南师范大学、华南师范大学附属中学等。1956～1960

年是天河工业发展加快、大中专院校和科研单位大量兴办的时期。至 20 世
纪 80 年代，天河地区的大专院校和科研院所不断增加，大型企业也陆续进
驻。1978 年以后，天河区的现代化进程加速，从宏观政策上，国家的改革开
放提供了制度保障。从城市空间发展方面来看，广州市空间发展的东移战略
促使天河成为优先发展的中心区。1984 年，天河体育中心在天河机场的原址
上开始建设。1985 年，天河成为广州市的市辖区。此后，天河区的城市化和
经济社会发展进入了一个飞跃发展的阶段，天河体育中心的建成推动了天河
甚至广州城市的更新与发展，使得天河区的体育设施及城市基础设施处于全
市的领先水平。此外，房地产业的突飞猛进，大量楼盘和住宅小区的建设，
中高层商住大厦的建成，使得天河区从一个以种植蔬菜为主的城郊农业经济
区发展为生产性服务业发达的现代化城区，成为海内外资本、企业垂青的投
资地。

5.1.1 历史纪念空间

天河北区域具有跨国要素的作用，机场建设成为战争年代天河北地景变化的
最初诱因。1928 年，国民革命军第八路军总指挥部航空处筹建天河机场，1931
年建成使用。之后，机场进行了扩建。在相当长的一段时间里，天河机场一直作
为军用机场使用，成为抗战的重要据点并在抗击斗争中名扬全国。广州解放初期，
天河机场仍然在使用，至 1968 年初废弃。1984 年，在天河机场原址上建设天河
体育中心，并于 1987 年建成。这种空间职能的转变标志着一个崭新的天河北区域
景观成为普通大众的空间。这片区域经历过战争年代，战争的记忆转化为机场的
记忆，机场成为历史纪念空间的主体元素。

有时候，会听到机场上部队传来的捷报。然而，如果不是天河村附近的，很
少有人知道这个机场，知道这个机场上传来的捷报。

—— 实地访谈

1939 年 2 月 1 日,国民党广州地区游击别动队在天河机场刺死日军卫兵 2 人。

—— 《广州市天河区志》（1989～1995 年）

5.1.2　蔬菜种植供给空间

中华人民共和国成立后，天河北及其周围区域分布有大片农田。周围区域的村民大多以种植蔬菜为生，这片区域是广州市重要的农副产品基地。相对广州中心城区而言，这里是较为偏僻的农村地区，还可见到成片的荒地。其中，林和村、天河村是天河北附近的主要村落，村民主要以农用菜地为生。20 世纪 50～60 年代，一批教育科研机构陆续在附近村落进驻，典型的代表就是广州体育学院。尽管如此，在天河体育中心建成和天河区未成立之前，仍未能改变天河北农业经济的特征和广州中心城区的蔬菜供给地职能。

天河机场废弃后，曾零星用作仓储用地。

——实地访谈

体育中心附近的林和村、天河村和花生寮是比较早发展起来的村落，村民在村内种了大量蔬菜，我爷爷、父亲都是以种菜为生的。那时候种菜很辛苦的，又不值钱，但是我们没有其他选择。

——实地访谈

5.1.3　体育休闲空间

天河体育中心的建成有一个大事件诱发因素，那就是第六届全国运动会(简称：六运会)在广州举办。在城市发展与空间重构中，天河北因大事件举办而推动城市化发展、城市空间转型在全国也是比较早的，且具有典型性(袁奇峰，2009)。广东省和广州市政府投资 3 亿元建造天河体育中心，并于 1987 年 8 月建成。在体育中心建设过程中，市政设施也同步得以完善(郭明卓和蔡德道，1987)。天河路、天河北路、体育东路、体育西路于 1987 年 6 月相继通车。同年，天河火车东站建成。天河体育中心和天河火车东站的建成推动了商业地产、住宅地产的开发。此后，围绕体育中心，发展起了一批大型商业综合体，旅游、商业贸易的功能也得到进一步加强。职能方面，从政府和城市发展的角度，一系列大型事件和节庆活动在体育中心举办，使其成为大型商业、公益、文化节庆活动的举办地，而不仅仅是体育赛事的赛场。对于普通民众而言，体育中心成为其日常健身、休闲活动的场地(林耿和沈建萍，2011)。因此，天河北因为天河体育中心的建设发展成为广州市重要的体育休闲空间。天河体育中心为 20 世纪 80 年代广州开发建设的新区的主体部分，也成为城市向东发展的中心地带，主要功能有体育、旅游、贸易和娱乐。

1984 年 7 月 4 日，天河体育中心在原天河机场旧址奠基。

—— 《广州市天河区志》(1989～1995 年)

国际奥委会主席萨马兰奇称赞 "天河体育中心设备一流，环境一流"。

—— 《广州市天河区志》(1989～1995 年)

1987 年 8 月，天河体育中心三大主体工程——体育馆、体育场、游泳馆建成，成为广州市规模最大、最现代化的文化活动场所。"六运会"体育场馆和天河火车东站的建设，带动了周边用地的开发，天河地区迅速发展起来。

—— 《广州市志(卷二)》

天河体育村，1986 年由广州市城市建设开发总公司等兴建，占地面积 4.34 万 m^2，建筑面积 9.93 万 m^2。

—— 《广州市天河区志》(1989～1995 年)

5.1.4　以房地产开发为主导的商住空间

天河体育中心的建成以及六运会的举办，推动了天河商圈的形成。体育中心的建设需要大量的资金投入，而当时从城建部门办公室演变而来的城市建设开发公司是无力一次性解决的。为此，广州城市建设开发总公司决定引入商住地产的开发，在体育中心周边空地上规划布局近 300 万 m^2 的商务办公楼和商品住宅，并在体育中心周围不断建设和配置娱乐、商业、旅游和文化设施(周菲，2009)，以引入第三方资本和通过商业项目积累的方式多方筹集资金。广州规划设计院为此专门组织编制了天河体育中心区规划，将本区定位为天河城市中心区，承担娱乐中心、旅游中心和外贸中心的功能(方仁林，1986)，这一规划设计为后来天河北空间职能和城市形态发展奠定了基础。

在中心区的外围地区引进房地产开发商，建设住宅区，其中，名雅苑为最早建设的住宅小区之一，政府引入第三资本方——新加坡地产公司[①]，合作开发名雅苑小区[②]。此后，天河体育中心周围区域孕育了巨大的市场价值和开发潜力，表现为商业写字楼和住宅小区的大量兴建。西雅苑、天英阁、亿泉尚园、绿庭苑、天河北苑小区、天河直街小区、侨怡苑、信成小区、都市华庭、天河东远洋小区、天河北怡苑、华康小区、名雅苑住宅楼的建设都是在这一时期建成的(表 5-1)。大批量商业住宅小区的建成为天河体育中心注入了城市活力和商业人气，更为关键的是带来了一种健康化、时尚化的生活方式。居住-健身-购物-闲暇多功能组合的城市生活行为在天河体育中心得以实现，吸引了大批从事生产性服务业的白领和职业经理人的入住。同时，这些功能也为后期体育中心乃至天河地区跨国商务的发展奠定了基础。时至今日，这些小区的售价和租金仍然远远高于广州房产的均价，这些楼盘的定位皆为高档、时尚的居住空间，高档化的趋势明显。20 世纪 90 年代建成大都会广场、中国市长大厦和中信广场，这些标志性高层建筑和天河城商业综合体建筑一起促成该区城市职能的多样化。在天河体育中心场馆周围逐步形成了以体育、商业、信息、贸易、金融和办公职能为主体的城市中心区。天河体育中心区是高层建筑最密集的地区，其中中信广场高 381m，为当时全国最高的建筑物之一。1994 年，广州购书中心开业，为全国第一家购书中心。1996 年，天河城广场落成并开业，为境内首家大型购物中心(shopping mall)。同年，改造扩建后的广州火车东站正式完成并投入使用。1997 年，宏城广场落成，虽为临时设立，但依然吸引了众多民营资本的进入，以服装、鞋帽、文具批发商铺为主。1999 年，广州地铁 1 号线开通，在体育中心设置了两个站点(体育中心站和体育西路站)。2004 年，政府进行了一系列交通设施扩建工程，天河北的商业投资环境和基础设施环境得以进一步优化。之后，大量高中档商业裙楼和商业设施、大型综合超市、专业店、便利店和专卖店相继开张营业，天河商圈逐渐成熟(表 5-2)。也是在这一时期，广东外经贸大厦、中国市长大厦、高盛大厦、中信广场、新创举大厦、建和中心大厦和财富广场等甲级写字楼先后建成(表 5-3)。

---

① 后因新加坡地产公司的资金来源问题，退出了名雅苑的建设。
② 其合作的具体表现形式为：土地权为广州城市建设开发总公司所有，除了境外销售部分，合作方不需要缴纳土地出让金。

表 5-1　天河北中高端住宅小区 (2016 年 3 月)

	建成时间	房屋均价/(元/m²)	租金/(元/月)	开发商	物业公司	层数/层	出租率/%	绿化率/%	容积率
西雅苑	1998 年 04 月	27328	3490-3893	广州市城建开发物业有限公司	广州城建物业管理公司	18；28	约 39	30	2
天英阁	1998 年 01 月	23035		广州市伟强房地产开发有限公司	广州城建物业管理公司	—	0	30	2
亿泉尚园	2010 年 10 月	43125	8000	广州市亿泉投资置业有限公司	高力国际物业管理有限公司	20～32	约 80	35	2.6
绿庭苑	1998 年 6 月	30769	4500	广州市城市建设开发总公司	广州城建物业管理公司	—	约 80	20	3
天河北苑小区	1996 年 5 月	22376	4000	华侨房产开发公司	华侨物业管理公司	—	约 69	35	1.3
天河直街小区	1997 年 1 月	20229		地块原为广州空军所有，后以用地置换的形式迁出	—	—	21	30	2.5
侨怡苑	1991 年 6 月	32620	3500	北京金地融侨房地产开发有限公司	华侨物业管理公司	8～23 (21 栋)	约 76	40	2.24
信成小区	1995 年 2 月	29706	4200	广州华侨房屋开发公司	广州信诚物业管理有限公司	—	约 75	30	2.6
都市华庭	2002 年 3 月	29042	5000	广州市侨鹏房产开发有限公司	凯莱物业管理有限公司	32	约 76	25	3.5
天河东远洋小区	1994 年 2 月	34138	4200	广州远洋公司	广州远洋物业管理有限公司	8；18	约 75	35	3
天河北怡苑	1997 年 5 月	38404	10000	越秀城建总公司与香港和黄集团合作开发	港联物业管理公司	—	约 70	43	7.21
华康小区	1992 年 2 月	28049	2800	广州城建房地产开发公司	城建物业开发有限公司	—	约 80	30	3.1
名雅苑	1994 年 4 月	28834	4000	广州越秀城市开发有限公司	城建物业开发有限公司	—	约 62	30	3.5

表 5-2 天河北的大型商业设施

商业设施	类型	入市年份	建筑面积/m²	营业面积/m²
广州购书中心	大型专营商场(书店)	1994	2.3 万	1.5 万
天河城广场	大型购物中心	1996	16 万	10 万
宏城广场	大型专营商场(服饰)	1997		5 万
中天广场	大型购物中心	1997		3.4 万
时代广场	大型购物中心	1999		10 万
维多利广场	大型购物中心	2003	5.6 万	2.4 万
正佳广场	大型购物中心	2005	48 万	28 万
太古汇	大型商业文化综合体	2011	41.6 万	12.5 万

资料来源：周菲(2009)，有改动。

表 5-3 天河北的写字楼开发历程

写字楼	建成时间	层数/层	开发商	物业公司
广州外经贸大厦	1992 年 1 月	33	—	外经贸大厦物业管理有限公司
中国市长大厦	1996 年	28	广州市城市建设开发总公司	广州中国市长大厦物业管理有限公司
高盛大厦	1996 年 8 月	26	高盛集团	广州市高盛物业管理有限公司
中信广场	1997 年 6 月	82	熊谷蚬壳发展(广州)公司	上海保利物业酒店管理集团有限公司广州分公司
城建大厦	1997 年 12 月	28	广州市城市建设开发有限公司	广州城建怡城物业管理有限公司
新创举大厦	1998 年	31	广州市高尚房地产开发有限公司	广州市穗高物业管理有限公司
建和中心大厦	1998 年 1 月	29	广州市云丰房地产发展有限公司	广州市高盛物业管理有限公司
广州国际贸易中心	1999 年	48	广州侨鑫房地产开发有限公司	广州市侨鑫物业管理有限公司
天河大厦南楼	2000 年 1 月		时尚集团	
新疆大厦	2001 年 3 月	19	—	—
天骏国际大厦	2002 年 1 月	30	广州市城市建设开发有限公司	—
平安大厦	2002 年 2 月	31	广东地产广州分公司	广州市欣建物业管理有限公司
盛雅商务中心	2003 年 1 月	38	广州恒怡投资有限公司	广州恒怡投资有限公司
财富广场	2003 年 6 月	40	广州市城市建设开发有限公司	广州市怡城物业管理有限公司

资料来源：《广州市天河区志》(1989～1995 年)；

　　这些商务设施的建设，带来了大量高层次、高素质、高收入与高消费的就业人群。天河北高等级消费场所增加了商业活力，周围区域高档化的住宅小区居民成为这些消费场所的首要消费人群。天河北区域住宅-商业-商务-康体健身的新组合空间逐渐成形，城市现代生活方式的基础设施得以完整配置。换句话说，以房地产开发为导向的商住空间成为天河北典型的城市景观。甲级写字楼内和正佳广场内部集聚了大量跨国生产性服务业企业和跨国主题的餐饮店，跨国人群不断集聚，商场里的世界著名品牌、体验式消费等具有国际化消费特征的专业店和连锁店成为不同国家人群的重要消费场所。

　　涉外服务方面，现在广州旅行社有接到外国和来自国内大城市客户的情况。其中类型多样，既有散客，也有团队游，因此我们在旅游线路设计方面，加强了这两方面的服务。

——实地访谈

　　这家餐厅的特色是德国菜，香肠、黑啤很喜欢。我就住在祥龙花园，所以经常来这里吃饭。这是一家不错的西餐厅，内部的餐厅布局也很特别。在这里吃饭时经常可以碰到外国人，有时候他们会主动跟你打个招呼，有的外国人的中文讲得也很好。

——实地访谈

　　最初，宏城广场只是一个临时的建筑。从 1997 年起，地面上 3 栋两三层的低矮建筑，一直持续到 2009 年。那个时候，每天有数万名住在番禺的居民到这里等楼巴，有时就顺带逛逛街，那时的宏城广场像是一个公交站点。后来，我记得宏城广场还作为亚运公园存在了一段时间，时间很短，之后宏城广场就被改造了。

——实地访谈

　　关于宏城广场改造项目的设计，最为特别的一点就是我们想打造一个高端化的商业广场。将天河广场和正佳广场连接起来，3 个广场成为多样化购物选择，并且定位主要面向中高端消费者的广场群。因此，从设计和命名上我们都试图突破广州本土的文化，而从全球最为流行的元素中寻找灵感。广场建筑的命名，我们打算以世界的著名城市比如伦敦、罗马、巴黎等来彰显宏城广场全球化流行元素的引领地位。此外，还有吸引世界奢侈品牌进驻和从地下连通正佳广场和天河广场的设想。

——实地访谈

　　为了满足在新兴经济部门高薪职员对居住的需求，高质量商品房的提供也有所增加。其中，大部分是以封闭社区的形式开发的。外资公司和合资公司的职员是这些高品质公寓的主要买家，这些公寓集中布局于以体育中心为核心的高级商务写字楼的外围区域。比如，正佳广场以世界级商业中心为定位，设施配套引领潮流，由美国的购物中心专业设计公司捷得设计师事务所与广州设计院共同合作设计；怡苑小区由广州城建、香港和记黄埔有限公司合作开发；中信广场由熊谷蚬壳发展（广州）公司开发。后续的建设过程中，更多的港资、外资和民营资本参与到写字楼及商业住宅的建设中（表 5-4）。这些企业在城市建设发展过程中起着非常重要的作用，其中事业性质的规划设计单位逐渐走向企业化管理和运作方式。外资企业在天河北的设计和建设项目成为其进驻中国创意市场的基石。天河北商住地产的开发开启了资本多元化的城市建设格局，同时也塑造了一批设计和城建企业。在综合化轨道交通体系和快速路体系形成的背景下，天河商业商务功能的聚集效应突显。天河广场、正佳广场和宏城广场等商业业态的出现，不断推动着天河北商业功能的高端化，其商业商务功能的辐射范围逐步扩散至广州及其周边城市。

　　天河城广场，是我国最早营业的购物中心。1992 年动工兴建，1996 年 2 月建成开业，天河城广场规模宏大，设施先进，功能齐全。设有中国酒楼、西餐厅、美食街、游戏机中心、溜冰场、室内公园、电影院、网球场、游泳池、美容美发店、商务中心、银行、邮政等服务设施。

——实地考察

表 5-4　主要标志性建筑的国有、港资设计单位和建设单位

写字楼	建成年份	设计单位	施工单位
广州购书中心	1994	广州市设计院	广州市第四建筑工程公司
天河城广场	1996	广州市设计院	广州市第四建筑工程公司和广东开平二建集团股份有限公司
中国市长大厦	1996	华南理工大学建筑设计研究院	广州市第四建筑工程公司
大都会广场	1996	华南理工大学建筑设计研究院	广州市第四建筑工程公司
中信广场	1997	香港刘荣广伍振民建筑师事务所和广州市城市规划勘测设计研究院	熊谷组（香港）有限公司和广州市第二建筑工程公司和佳定（香港）工程有限公司
城建大厦	—	—	广东省第三建筑工程公司和广州市机电安装有限公司
天河体育中心	1987	广州市设计院	广州市第一、二、三、四、五、六建筑公司

　　资料来源：《广州市志（卷三）》。

5.1.5　中央商务区跨国政务商务空间

　　2005 年，广州地铁 3 号线开通，进一步完善了天河北的城市交通体系。更为重要的是，此阶段以后，在天河北工作和生活的外国人不断增多。宏观发展背景方面，中国加入世界贸易组织以来，作为门户城市和国家中心城市的广州商业贸易和商务活动激增，而天河体育中心作为广州新的商圈和中央商务区，聚集效应日趋明显。在大型商业项目和商业业态不断高端化的背景下，银行业、保险业和中介服务业等外商开设的分支机构和营业场所不断增加。以港资为主体的太古汇商业文化综合性项目是港资国际企业的代表之作，整个项目由国际知名的 Arquitectonica 建筑设计事务所设计。太古汇与两家国际知名租赁代理公司签订租赁代理协议，根据协议，第一太平戴维斯(Savills)负责商场零售部分的租赁，仲量联行(Jones Lang LaSalle)则代理办公楼部分，这一跨国联手、接轨国际的经营模式获得了极大的成功①。外商进驻人员增多，也带动了高级别商务写字楼和住宅的需求增加。跨国企业与跨国商务政务人士的增加也提高了天河北地区的消费能力，高档次的消费供给也呈现不断增长的趋势。为迅速建构"世界知名中央商务区"的形象，天河区委区政府出台多项政策措施吸引跨国企业，在《天河区引进重点企业奖励办法》文件中明确重点引进金融服务业、新一代信息技术、现代商贸业及商务服务业四大战略性主导产业的龙头企业。此外，对天河区有重大经济贡献或突出集聚引导作用产业的企业或项目，以及世界企业 500 强、中央大型企业、中国企业 500 强、民营企业 500 强等跨国公司和知名企业也是其重点招商引资的对象。

　　我们的主营业务是证券、期货审计，总部在北京，有 15 家分所，广东分所是其中之一，选择在这里办公的原因是这里本身是一个高级别办公空间，当时还享受了天河区的一些引进企业的优惠政策。

——实地访谈

　　我们的主要工作就是采访，日文的原稿部分由日本记者完成。但对新闻线索、联系采访、总结报告，我们则聘用中国的专业人员，聘用信息一般会通过广东省外事办发布。我们的工作地点在中信广场，附近区域有很多日本人和日本料理店，天河北是我们生活的主要区域，从这里到其他地方也很方便。

——实地访谈

　　Java 开发工程师等专业数据挖掘与开发人才是我们公司急需的，一些计算机专业刚毕业的大学生是我们招聘的主要对象，也是我们公司主要的工作人员。金利来数码网络大厦本身集聚了很多这方面的企业，我想分公司在此设立办公地点，这是一个重要的原因。

——实地访谈

　　我们的产品集中在摩天大楼、酒店、城市公共设施的照明系统设备供应，其

---

① 羊城晚报. 奢侈品集体进驻太古汇带动天河商圈升级[OL]. [2016-02-27]. http://gd.sohu.com/20120305/n336757 892.shtml.

中上海金茂大厦君悦酒店是我们非常成功的一个项目。天河北和广州市重要的商业区都有邦奇的产品，中国众多摩天大楼、文化馆、博物馆的建设都是我们力争的重要项目。

——实地访谈

天河北集聚 35 栋高档写字楼，写字楼内有近 800 家生产性服务业企业和 19 家领事机构的进驻，进一步凝聚了天河北作为中央商务区重要组成部分的核心职能。正佳广场、天河广场、太古汇等大型商场综合体提供了大量国际化的餐饮、娱乐等生活服务设施，为写字楼内的生产性服务业企业员工的城市生活提供了便利。特别是在领事机构、英语培训机构、移民咨询机构的外国人的购物、闲暇活动基本在天河商圈内进行，加之天河北众多高档住宅区优美的环境，相对独立、封闭的社会化管理，吸引了跨国公司代表处的外国职员、职业经理人、领事机构办事人员在此区租住。一方面接近工作地；另一方面此区是城市生活各种行为的一站式服务的最佳首选，还是白领、金领以及到广州谋生的外国人寻找工作的机会空间。总之，中央商务区跨国政务商务空间的形成是以工作-购物-闲暇功能的组合和匹配结构来实现的。

我们的主要业务在知识产权领域，其中索尼公司是我们的主要客户。现在我们这个所的业务主要在中国境内，办公地在粤海天河城大厦，这片写字楼附近的体育中心和正佳广场是我和同事健身消费的地方。

——实地访谈

在这里办公非常便利，公司有做产品销售、服务、研发这三块，一些公司能够为我们提供专业化的服务信息和地方行业发展数据，这对我们非常重要，而天河北正是符合这个条件的一个地方。

——实地访谈

德意志银行广州分行在天河北的设立，主要是因为德国驻广州总领事馆由越秀区搬到这里，方便到德国去的中国人开立账户，在他们办理签证的同时就可以办理银行账户。

——实地访谈

由于到广州的印度人增多，我们在 2006 年开始申请并进行筹备工作，2007 年得到中国银监会的批复成立了分行，我们的业务主要集中在银行外汇，近年来到印度做生意的中国人也开始增多。至于生活层面，其实，我们还是比较单一的，天河北是我们最为熟悉的区域，其他的地方我都不太了解。

——实地访谈

太古汇、天河广场、正佳广场这些具有世界意义的商业综合体传达出国际流行的新时尚和新品位。世界品牌、国际化生活方式、流行元素就是通过这些高级别商业空间扩散开来。天河北的高楼密集化已成显性之势，其目的就是为跨国资本的流动提供空间以及让广州更大程度地参与并融入世界经济，展示广州全球化的过程和结果。

经过近90年的发展，天河北已从市域边缘地区演变为城市中心区，集居住、教育、现代商务、传统商业、文化娱乐业、体育休闲产业、交通枢纽等多项功能于一体的跨国商务政务空间已经形成(表5-5)。在这一过程中，资本集团和政府结成的增长联盟和事件营销起到了关键性的作用。正如 Sassen(2007)所指，跨国企业人群(transnational corporation class)所钟爱的黄金地段的商业区，以及形形色色的娱乐场所便是理想的空间，而此时的天河北正是这一"理想空间"的复本。

表 5-5　天河北的空间演变

项目	1929~1960 年	1961~1984 年	1985~1990 年	1991~2005 年	2006 年至今
所属区划	番禺县	广州市郊区	天河区	天河区	天河区
区位	县域边缘地区	城区边缘地区	天河区中心	广州市新中心	广州新核心及中央商务区；广州新中轴线的北部区域
属性	机场	农田与菜田	城市体育设施	城市商业与高档住宅区	跨国商务政务集聚区
资本投入类型	军事用地	农业	基础设施	商业与住宅的房地产建设	生产性服务企业领事馆；金融业；体育产业
建设主体	—	当地村民	地方政府	国内外企业	地方政府
空间演变的语境	天河机场废弃	六运会及建设天河体育中心	广州城市空间东拓	中央商务区建设	亚运会及跨国商务人士的国际化空间

你所给出的地域范围实际上是林和街道和天河南街道共同的辖区。两个街道的共同点是辖区内有众多的高级写字楼和商场，比如中信广场、中国市长大厦、大都会广场、宏城广场、天河大厦、广州购物中心等，这些都是我们的优势，但同时安全管理方面我们承担着更大的责任。

——实地访谈

我们来这里购物、就餐，因为这里有韩国料理店，我很喜欢，此外就是能够认识一些自己国家的人，扩大自己的生活圈。

——实地访谈

我和朋友一起办理了会员卡，就是在力美健俱乐部，这里条件不错，离我们公司也就 10 分钟的步行距离。

——实地访谈

　　我到太古汇有两个目的：一是买衣服；二是和朋友来这里的料理店吃东西。我就住在离这里不远的都市华庭。

——实地访谈

　　在招募租户的过程中，我们格外注意和青睐国际化的租赁代理公司，通过他们来树立太古汇国际商业品牌，打造一个真正的国际化项目，我们非常重视与第一太平戴维斯 (Savills) 和仲量联行 (Jones Lang LaSalle) 的合作，他们均为国际化的租赁代理公司。

——实地访谈

5.2　空间生产的动机

　　天河北跨国空间生产的动机网络见图 5-1，图中的政府、开发商、居民共同驱动了天河北的跨国空间，三者的动机虽然有所不同，但是他们共同组成了一个相互影响、相互驱动的网络。正是在这样的网络作用下，天河北实体空间得以重塑，跨国空间得以形成。

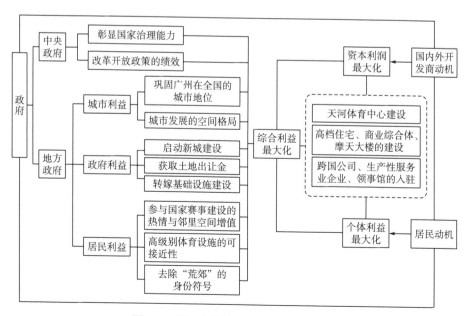

图 5-1　天河北跨国空间生产的动机网络

5.2.1　政府动机

　　1984 年，广州赢得六运会的举办权，中央政府高度重视，地方政府也大力支持。对于中央政府来讲，期望这个高级别的体育盛会能在北京以外的城市成功举办①，以展示国家治理能力和改革开放以来取得的成绩。对于地方政府来讲，则是希望六运会能够刺激地方经济的增长，巩固广州在全国的城市地位。因此，地方政府为六运会的顺利举办做了大量的前期工作。引入市场化运作以增加办赛经费来源，专门为六运会建造了天河体育中心，并成立新的城市行政辖区天河区，后续发展成为广州市新的商务中心，为这个区域带来了跨越式发展。此外，六运会引入市场机制的商业化运作模式，开创了多个"第一""率先"，说明改革开放初期，广州在城市发展的诸多领域"先行一步"。例如：六运会会徽、吉祥物专用权和广告宣传以合同的形式与国内外近 100 个单位共同签约使用，集资 1200 万元及实物，开创了利用外资举办全运会的历史。

　　六运会的举办，加快了天河区对很多基础设施的建设，经济发展逐步超过广州老城区，成为广州经济发展火车头。可以说六运会的成功带来了天河区的成功，这也是政府当时的目的之一。

——实地访谈

　　20 多年前，天河是典型的农村，有大片的农田，我们的父辈都是农民，那时我们对城里人的生活羡慕不已。但是现在，特别是六运会之后，这里发生了翻天覆地的变化，有商场、书城、写字楼、穿着时尚的白领和日益完善的生活服务设施，这些是我们未曾想过的，变化真是太大了。

——实地访谈

5.2.2　开发商动机

　　开发商动机是追求资本增值，蜂拥而至的国内外设计机构、施工单位之所以齐聚天河北，是因为这是一个资本增值的空间，这里不仅可以带来短暂的经济利益，也能够产生长久的业界声誉。另外，国内外资本参与天河体育中心、高档住宅、大型商业综合体建设的一个重要制度支撑是始于 20 世纪 80 年代的改革，地

---

① 前四届都在北京举办，第五届离开北京转到上海，广州是第三个举办此盛会的城市。

方政府开始与资本联合共同推动大型项目的建设,特别是为天河体育中心的建设,地方政府委托广州市城市建设开发总公司①全权负责该地区的开发,实行"规划-征地-配套三统一"的建设指导思想,分批次建设(郭炎,2009)。同时,广州市城市建设开发总公司积极引进侨资、港资、外资等其他资本以合资、合作的形式介入天河体育中心的建设,但是其开发建设的主体地位没有改变。国有资本、侨资资本、港资资本、外资资本的参与大大调动了后续民营资本的进入,也极大地推进了项目,同时也造就了广州乃至全国建筑行业的百强企业。此后,广州市城市建设开发总公司建设了数十个住宅小区和商业大厦项目,其中,该区域内的天河体育中心和名雅苑、华康小区、绿庭苑、西雅苑等住宅小区以及中国市长大厦、城建大厦、天骏国际大厦、财富广场、维多利广场等商业写字楼项目给广州市城市建设开发总公司带来了丰厚的资本回报。至 2000 年,广州市城市建设开发总公司已发展为跨国综合集团企业,旗下有 18 家中外合资合作企业、1 家海外子公司、14 家全资和控股公司,成为以房地产为主业、房地产相关产业为依托,进出口贸易、商贸、文化娱乐等行业多元化发展的综合性集团。天河北的大部分项目都成了广州市城市建设开发总公司的经典之作,不但积累了大量资本,更为资本的再循环、再积累奠定了良好的基础。

5.2.3　居民动机

个人利益最大化是居民动机的主要表现,但在天河体育中心建设之初,出于对广州举办全国大型赛事的无限热情,在 20 世纪 80 年代天河体育建设的重要阶段,为加快天河体育中心的建设,大量居民参与了义务劳动。此外,在天河城广场等商业综合体的建设过程中,居民的农田、菜田被占,居民希望在此过程中获得合理的补偿金,同时也没有抵触和排斥城市商业化,相反,他们期望改善居住环境,提高空间品质。

当时为喜迎六运会,许多高校师生和市民都积极响应,参加修建天河体育中心,承担修筑和加宽道路的义务劳动。每天都有大批市民自愿来到新的体育中心清理淤泥、种树、种草等。这对天河体育中心的绿化工程起到了很大的推进作用。

——实地访谈

① 其前身是广州市住宅建设办公室,1983 年住建办改制为广州城市建设开发总公司,即越秀地产股份有限公司,并于 1992 年 12 月 15 日在香港联合交易所有限公司上市,现为摩根士丹利资本国际中国指数成分股。越秀地产的主要股东广州越秀集团有限公司是由广州市人民政府国有资产监督管理委员会管理的国有企业。

5.3　实体空间生产的行为

政府行为主要表现为授权、规划控制、合作、营销、制度激励、招商引资，特别是后期对跨国公司和生产性服务业的优惠政策的制定以及组织多个规划，通过规划来强化其中心商务区的职能，并设立专门的管理外国人的机构和负责招商引资的部门予以推动。其中，城建大厦、大都会广场获得建设部(现住房和城乡建设部)颁发的建筑类最高奖项"鲁班奖"，中国市长大厦获"建筑工程特别奖鲁班奖"(表 5-6)。政府对这些企业推行的一系列以"授奖"和"表彰"为代表的激励措施，向全国推荐了天河北建设的开发商，对开发商的资本积累和企业扩张起到了促进的作用。开发商的行为主要表现为以国有企业为主导，联合第三方市场主体、资本主体进行共同开发和建设。其中，国外设计机构也参与其中，投入了专业的技术知识和资金，从设计到建设的全过程参与，实现了盈利和企业资本的再积累，并发展成为跨国企业集团。居民的行为主要是配合政府举办大型体育赛事的一些前期活动，主动参与到空间建设过程中来，同时让出农田、菜田并获得相应的补偿以提高生活空间的品质。

表 5-6　政府对天河北空间开发的激励措施

时间	授予奖项
1987 年 4 月 11 日	天河体育中心建成并被评为广州市经济建设 10 件大事之一
1989 年 2 月	天河体育中心游泳馆荣获 1988 年中国建筑工程最高奖鲁班奖
1990 年	《天河体育中心规划》由广州市城市规划勘测设计研究院编制，获广州市一等奖(1988)、广东省一等奖(1988)和建设部三等奖(1989)
1989 年 3 月 9 日	天河体育中心环卫所等被评为"广州市 1988 年度市民服务最佳单位"
1996 年 11 月 2 日	广州城市大厦举行落成典礼。时任建设部部长向广州市第四建筑工程有限公司、广州市机电安装有限公司颁发广州城市大厦建设特别鲁班奖
2001 年 11 月 13 日	市委副书记朱小丹等领导到区检查"三年一中变"工作，并充分肯定区中变工作，认为天河区在全市起了示范作用
2002 年 1 月 25 日	天河区召开了城市建设"三年一中变"的总结表彰大会

资料来源：《广州市天河区志》(1989～1995 年)。

广州市城市建设开发总公司成立于 1983 年，是广州市成立最早的房地产综合开发企业。2000 年，该公司被评为 1998～1999 年度广州市房地产开发综合实力30 强企业第一名。1999 年度广州市房地产开发完成税利 20 强企业第一名。该集团公司下属的广州宏城发展股份有限公司也被评为 1998～1999 年度广州市房地产开发综合实力 30 强企业。

——实地访谈

2012 年，广州市城市建设开发集团有限公司总资产达到 1284 亿元，成为广州首个资产规模超千亿和第二个利润总额超百亿的大型国有企业。

——实地访谈

5.3.1　行为关系

地方政府和开发商是管理、配合与合作的关系。地方政府组织和调动各方力量，负责编制规划、政策制定，并充分利用渐进式的政策开放，逐步吸引着各种类型的资本参与到天河北的开发中来。设计机构和开发商则是充分利用政府给出的渐进式开放政策进行投资建设。广州市城市建设开发总公司受地方政府委托成为 20 世纪 80～90 年代天河北开发建设的最重要的资本利益集团，与地方政府在开发初期是"委托-代理-经营"的关系。先期履行了政府职能的特征，后逐渐与地方政府脱离，广州市城市建设开发总公司在联合港资、侨资、外资、民营资本方面起到了"代理人"的作用，形成了以核心企业为主体，各种资本类型参与，受地方政府调控，同时以市场为主导的城市资产经营模式。以侨资、港资、外资、民营资本为第三方资本得到了广州市城市建设开发总公司的联合与统筹。跨国空间消费者的全球主义时尚消费观引导了广州市城市建设开发总公司对大型商业综合体的关注与建设理念。反过来，广州市城市建设开发总公司的服务对象以跨国空间的消费者为参照系，联合其他建设单位的设计使得天河北逐渐向具有现代主义、全球化特征的空间模式建设发展。在这一过程中，居民腾出了农田，以供广州市城市建设开发总公司进行开发建设，而广州市城市建设开发总公司通过不动产和货币的形式进行补偿。广州市城市建设开发总公司的国有属性和特定时期经营城市的职能特征，成为连接地方政府、第三方资本、居民、跨国空间消费者的枢纽和缓冲器，从而使跨国空间的开发建设得以顺利进行(图 5-2)。居民和跨国空间消费者之间的关系可以分为两段，在天河城广场、正佳广场、宏城广场、太古汇建成之前，二者并没有什么实质联系。建成之后，居民对经常光顾于高级商场、购买名牌商品的跨国人群和高收入人群的生活方式充满了想象，一些在商场工作的导购员正是给他们提供服务的人群。然而，工作于摩天大楼的跨国人群在天河北对高尚居住空间的诉求，不断对原社区居民进行更替。

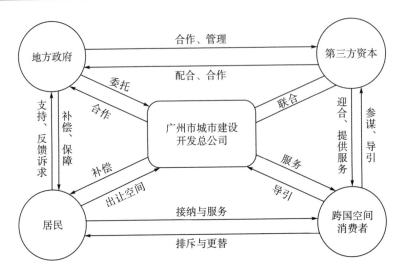

图 5-2　天河体育中心区开发建设的行为关系

5.3.2　制度改革引导下的相互作用过程

　　天河北是在旧城区以外的地区进行开发，更为重要的是，建设天河体育中心的决策先于天河区的成立。换言之，天河体育中心是天河区空间扩展的发动机。天河北是广州城市空间扩展中的一个典型的生产"空间"，是吸引外资、吸引跨国公司的案例，将"空间"作为媒介和手段，是一种特殊的商品。在这一过程中，天河北在政府参与、国家关注和城市规划的影响下，以农业为主的地区发展成广州跨国政务商务空间，从一个属于"地方"的生活空间演变成为一个属于"世界"的跨国空间。现代摩天大楼，大型高端商业综合体，绅士化的休闲、健身场所一改过去的土地景观，成为城市核心的建成环境，被推崇为"广州城市发展的壮举和标杆"。之所以在较短的时间内有如此重大且深刻的变化，是一系列因素综合作用的结果。然而，土地资本市场化和政府企业化运作是其根本的驱动力。

　　建区前，天河北的房地产开发由省、市和郊区有关房地产开发部门负责。1985年，广州市天河区房地产经营开发公司成立，隶属天河区房地产管理局管理。同年，广州市城市建设开发总公司成立，隶属于天河区建设委员会。广州市城市建设开发总公司是伴随着我国城市建设投融资体制改革而出现的，是地方政府在城市建设领域迈出计划经济藩篱的重要一步。广州市城市建设开发总公司与港资、外资、民营资本等重要利益集团合资、合作培育出了天河北更大的房地产市场和商业市场。在市场环境和城市规划要素的作用下，天河北空间职能发生了渐进式的变化，最终营造出跨国商务政务空间，成为国际资本与国内市场相结合的空间产物，是资本推动下的大规模城市建设的一次成功试验。与广州市场化的改革相耦合,为资本转移提供了空间载体,为工业和不动产业的发展提供了场所。通过创造足够的空间来吸引和捕捉流动资本,从而提升城市整体竞争力。

天河北空间生产是政府、资本在制度的不断变革下以不同的作用方式连续性结合、变化的过程。政府推动、制度改革和资本驱动是天河北空间生产的三大驱动力(图5-3)。

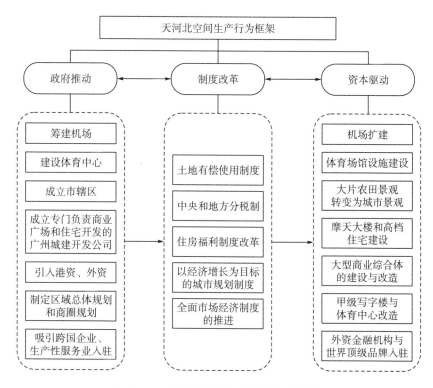

图 5-3 三大因素驱动下的实体空间生产

城市规划和市场化运作是不同时期重塑天河北跨国空间的调节杠杆,这是天河北实体跨国空间生产相互作用的根本表现。而政府、广州市城市建设开发总公司和第三方资本是具体的作用者。广州市城市建设开发总公司的"统一管理,统一协调"是地方政府授权,实则并未奏效,当时的广州市城市建设开发总公司只是一个房地产开发企业,缺失行政管理能力。因此,广州市城市建设开发总公司多次向广州市建委(现广州市住房和城乡建设局)提出"硬性规定"的可操作性,广州市建委也主持召开了部门会议以配合其开发建设顺利进行。初期,广州市城市建设开发总公司曾面临较大的资金困难,收益很低,根本无法保持10%的利润。因此,广州市城市建设开发总公司多次向广州市建委提出调整收费标准、强化收费规定和政策。同样,由于这种特殊的国有企业属性和政府代理人的角色,在开发过程中，地方政府也提出了新的要求，如地方政府对广州市城市建设开发总公司提出的要求，投入使用后，地方政府和全国市长协会共同获益。地方政府与广州市城市建设开发总公司这种特殊的代理-委托关系以及二者之间频繁的互动、协商机制推动了天河北新的空间生产。20世纪90年代的住宅建设，以合作的形式，引进港资、外资进行开发建设，并向第三方资本收取土地出让金等相关费用，其次通过销售期楼获得流动资金。此外，后期的投资方面，广州市城市建设开发总公司将收入的主要来源定位在物业和股份分红领域。天河城、维多利广场、财富广场、宏城广场等都是其主要的物业收入来源。

　　至此，由广州市城市建设开发总公司启动的公益性项目和商业经营项目相得益彰，公司资产不断增值，天河北的开发建设进入良性发展轨道。天河体育中心建成后，政府及相关部门在这里举办了一系列除体育赛事以外的大型会议、展览、节庆、纪念等活动(表5-7)。一方面，营销了天河北这一现代化的跨国商务空间，吸引了全省、全国甚至全世界的目光，且所有这些大型活动皆有企业、市民的参与；另一方面，强化了天河北商业化的功能，使得天河北从最初的城市新区升格为面向世界的跨国商务政务空间。其中一个重要的原因就是在商业开发的同时，配建了高级别共享性的城市公建设施，这些城市公建设施具有极大的社会和环境效益，满足了居民及跨国群体的闲暇和康体生活的需求。

表 5-7　事件介入与天河北跨国空间表征

时间	重要事件	事件性质
1982 年	国务院批准广东省承办六运会；之后，省人民政府决定在原天河机场旧址兴建六运会主场馆和体育中心	六运会
1984 年 7 月 4 日	天河体育中心在原天河机场旧址奠基	城市体育设施建设
1984 年 7 月 24 日	广州市委决定筹建天河区，扩展广州城市空间	行政管理
1987 年 8 月 30 日	天河体育中心举行落成剪彩仪式，正式交付使用	城市体育设施建设
1987 年 12 月	扩建广园西路，建成天河路、天河东路、天河北路、体育东路、体育西路	基础设施
1989 年 7 月 21 日至 31 日	广州市第十届运动会在天河体育中心举行	体育盛会
1989 年 9 月 12 日	市政府举行新闻发布会，公布天河区有三块土地(天河体育中心东南角、天河路南侧等)为广州市首批有偿、有期出让使用权的土地	制度改革
1989 年 12 月 23 日	羊城中华博览会在天河体育中心开幕，次年 2 月 11 日闭幕，共接待海内外游客 130 万人次	博览会
1990 年 9 月 20 日	天河区迎亚运田径运动会在天河体育中心举行开幕式	体育赛事

续表

时间	重要事件	事件性质
1991 年 11 月 16 日	第一届女子足球世界杯赛在天河体育中心开幕，中国开创了世界女子足球运动的新纪元	体育赛事
1992 年 2 月 22 日	中华百绝博览会在天河体育中心闭幕。博览会盛况空前，来自全国各地的 1000 多名民间技艺高手向海内外 87 万名游客展示了中医绝技、民俗风情、工艺绝活、美术奇观等项目	博览会
1994 年 2 月 25 日	广州市商业网点建设史上投资最大的项目——天河正佳广场奠基，为国务院批准的中外合资商业试点项目	商业综合体建设
1994 年 11 月 23 日	广州购物中心开业。该中心地处体育西路，投资 1.1 亿元，建筑面积为 2.3 万 m²，营业面积为 1.5 万 m²，是全国最大规模的购书中心	城市设施建设
1994 年 12 月 22 日	广州航空博览会在天河体育中心举行。这是中国首次航空博览会，由中国航空协会和广州市政府联合主办，展期 3 个月，实物展示包括 33 架飞机	博览会
1995 年	国家体委提出在国内大力推进全民健身计划，天河体育中心在响应国家号召下，在国内率先实行了免费对公众开放的制度，同时修建了全国第一条健身路径	全民健身措施
1995 年 10 月 29 日	首届中国星海音乐周在天河体育中心开幕，11 月 2 日闭幕。音乐周以"黄河魂"为主题，有 11 个海内外合唱团、乐团和广州地区 250 支合唱队、舞蹈队参加演出。其间，在天河体育中心演出的《黄河大合唱》是世界合唱艺术史上人数空前的万人大合唱	音乐会
1996 年 6 月 21 日	吉之岛天贸天河城店试营业，这是广东省首家中外合资的百货公司。该公司引进日本综合购物超市(general merchandise store，GMS)的经营方式，是中国首家 GMS 业态的百货公司	国外商业品牌入驻
1997 年 6 月 30 日	中共广州市委、市人大常委会、市政府和市政协共同举办"广州市各界庆祝香港回归祖国联欢夜"活动。该活动以天河体育中心西广场为中心联欢区，联欢活动从 22 时 30 分开始，至翌日凌晨 1 时结束。23 时 30 分至零时，现场人员看香港政权交接仪式电视实况转播	历史意义的纪念活动
1998 年 5 月 12 日	由广东对外艺术交流中心和广州市对外文化交流中心共同举办的"驶向中国的船——德国青年爵士乐团广场音乐会"在天河宏城广场举行	音乐会
1999 年 2 月 9 日	天河城广场全面开业。该商业广场于 1992 年 12 月动工，1996 年 2 月 9 日建成，占地 5.4 万 m²，建筑面积为 32 万 m²，总投资额为 20 亿元，是广州市商业网点建设史上最大的项目	商业综合体建设
2000 年 7 月 15 日	第二届中国功夫-美国职业拳击争霸赛在天河体育中心举行。这是国内首次举办此类比赛	体育赛事
2000 年 10 月 20 日	天河区第三届运动会在天河体育中心体育馆举行开幕式	体育赛事
2000 年 11 月 3 日-12 日	2000 年世界青年羽毛球锦标赛在天河体育中心举行，共有 34 个国家和地区的 290 多名选手参加比赛。这是广州市当时承办的规模最大、参赛国家最多的国际赛事	体育赛事
2000 年 12 月 23 日	广州首届花卉节暨花卉商品交易会在天河体育中心开幕，2001 年 1 月 1 日结束。云集国内外名花异卉 200 多种，共 20 多万盆。来自全国各省(自治区、直辖市、特别行政区)和美国、荷兰、韩国的 426 家企业参展，成交额达 5.5 亿元	商品交易会

续表

时间	重要事件	事件性质
2001 年 1 月 18 日	天河区迎春花市亮灯仪式在天河体育中心举行。这是天河区首次在天河体育中心举行花市，其规模为全市八区之冠	节庆活动
2001 年 4 月 22 日	天河区科协、科技局、团区委等部门联合中国科学院地球化学研究所、省科技工作者协会等多个单位，在天河体育中心举办"地球——人类的家园"大型宣传活动，纪念第 31 个世界地球日	科普宣传活动
2002 年 9 月 20 日	在宏城广场举行垃圾分类万人签名系列活动，并启动了垃圾分类知识竞赛	科普宣传活动
2002 年 10 月 9 日	团市委与区综治办在天河宏城广场举行了"广州共青团综治队"上岗仪式	宣传活动
2002 年 10 月 19 日	天河区宣传、文化部门在宏城广场隆重举行"喜迎十六大文艺晚会"	文艺活动
2002 年 11 月 17 日	大型主题晚会"永远跟党走"在天河体育中心举行	文艺活动
2002 年 11 月 29 日	在天河体育中心举办广州市首届名优农产品博览会	博览会
2002 年 12 月 14 日	2002 年广州市学生军训成果汇报阅兵暨表彰大会在天河体育中心举行	宣传教育活动
2002 年 12 月 15 日	天河体育中心举行广州市第四届教育基金百万行天河步行活动仪式	宣传教育活动
2003 年 6 月 26 日	在天河体育中心举行"2003 年粤港澳国际联合销毁毒品大会"	宣传教育活动
2003 年 6 月 29 日	在天河宏城广场举行大型广场文艺晚会《走向胜利》，庆祝抗击非典取得阶段性重大胜利	历史意义的纪念活动
2003 年 9 月 13 日	举行"诚信天河"活动启动仪式，并为 14 个首批诚信建设示范单位授牌	宣传活动
2003 年 11 月 11 至 16 日	中国羽毛球公开赛在天河体育中心举行	体育赛事
2004 年 3 月 27 日	"民警与您相约天河"大型警民活动在天河宏城广场举行	宣传活动
2004 年 7 月 2 日	庆祝广州市"申亚"成功的文艺晚会在天河体育中心举行	节庆活动
2005 年 11 月 25 日	2005 广东国际旅游文化节开幕式在天河体育中心举行	节庆活动
2010 年 11 月 12-27 日	广州亚运会期间，天河体育中心承接足球、羽毛球、水球、网球、垒球等项目的比赛任务	体育赛事
2013 年 11 月	广州队力克韩国首尔 FC 队，夺得亚洲足球俱乐部冠军联赛的冠军	体育赛事
2013 年 11 月 27 日	广州亚运亚残运会博物馆被确定为广州市第六批爱国主义教育基地	宣传活动

资料来源：根据《广州市志(卷二)》、《广州市天河区志》(1989~1995 年)和网络报道资料整理。

第三方资本介入天河北跨国空间生产具有阶段性特征。资本类型多样，既有国有资本，也有外资和民营资本。各种资本进入具有时序性特征，充分表明第三方资本的趋利行为，这与同时具有公益性投入和商业性投入的广州市城市建设开发总公司是有巨大差别的。第三方资本具有敏锐的市场洞察力，总是在市场形成之时介入相应的投资领域，这是资本的本性使然(表 5-8)。

表 5-8　第三方资本介入的时序特征

阶段	投资背景	投资方向	营利性质	资本性质	资本类型
第一阶段	天河体育中心建成后	商业住宅的建设	一次性收入	外资、国有资本	房地产资本、物业资本
第二阶段	政府投资地铁与中国市长大厦建成	写字楼和大型商业综合体建设	一次性收入持续性收入	港资、国有资本	房地产资本、物业资本
第三阶段	城市新区升格为国际化标准的商务空间	商务设施建设	持续性收入	民营资本、港资外资、国有资本	金融资本、综合资本(集团公司)
第四阶段	世界知名 CBD	体育、文化、餐饮娱乐业	持续性收入	民营资本、国有资本、外资、港资	金融资本、混合资本(大型跨国企业)

城市空间在资本逻辑的演绎下，成为资本自身增值的一个环节，而这个环节需要创建一种适应其增值目的的城市景观来维持其生产。因此，从这个角度讲，城市空间是一种建构资本增值的环境，是资本控制和作用的结果。天河北跨国空间与转型期中国城市治理体制和土地制度、财税制度的改革密切关联(图 5-4)。地方政府经历了一个强控制到弱控制再到社会环境和投资环境营造的从实体空间生产到关系空间生产的过程，其策略主要表现为组织编制规划(表 5-9)、调整规划、出台招商引资政策(表 5-10)和高端化、专业化、国际化人才引进政策等方式。作为资本方的广州市城市建设开发总公司和第三方资本集团则是充分利用土地有偿使用制度、住房商品化制度的机会红利，投资于商业地产、住宅地产和物业管理实现了资本的增值，各个阶段都有不同的操作空间和资本运营的形式。天河北跨国空间在制度、地方政府、资本的作用下经历了"城市大事件的公共空间—高端商住空间—跨国商务政务空间"的变化。这一新社会空间在扩大和规制空间的同时又提供了新的空间，在锁定空间旧职能的同时又提供了新职能演变的基础。新生产的空间不断更新，被具有时代特征的空间所覆盖和迭代。

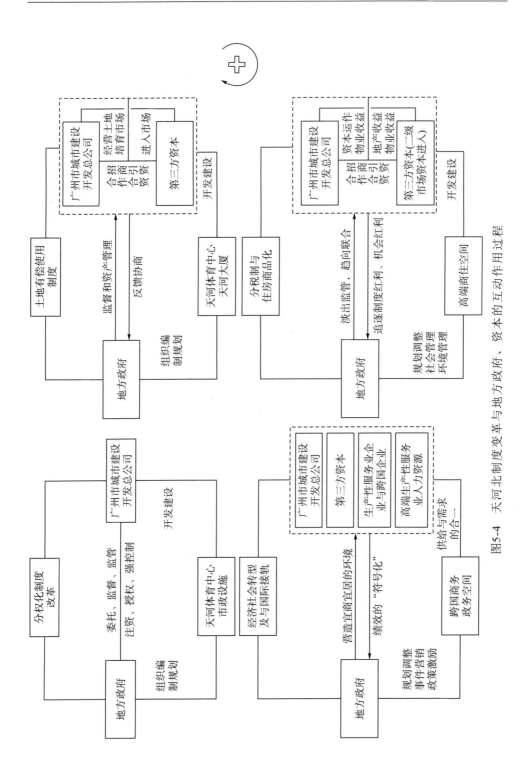

图5-4　天河北制度变革与地方政府、资本的互动作用过程

表 5-9　相关规划对天河北的定位

年份	规划文件及天河北的职能定位与发展方向
1982 年	《天河体育中心综合区规划》，确定该区主要有体育、贸易、旅游、娱乐四大部分
1988 年	市政府批准天河区总体规划。天河区将规划建成广州市的教育、科技、文化、体育等中心城区
1991 年	《广州市城市总体规划(1991—2010)》定义天河为城市中心组团的新城市中心
1993 年	国务院批准广州规划建设中央商务区，天河北为中央商务区重要组成部分
1999 年	《广州地区总体规划纲要(1999—2007))提出以天河中心区为城市中心向东和向南集中发展的模式，进一步明确了天河中心城区的地位
2000 年	《广州城市建设总体战略概念规划纲要》确定了"南拓、北优、东进、西联"的空间发展战略，确定城市东部和南部区域为都会区发展的主要方向，强化了天河的中心地位
2001 年	1991 年版的城市总体规划和2000 年版的城市战略规划相继将东部作为广州城市发展的主导方向，广州市东扩城市规划出台
2002 年	广州市新城市中轴线确定，中轴线由北往南贯穿天河商圈至珠江新城。广州 CBD 的范围扩大到包括体育中心周边商务办公区和天河路商业走廊
2005 年	《广州天河分区规划》提出建设 21 世纪的中央商务区，改造天河体育中心，并建设地下商场——时尚天河
2015 年	天河体育中心最大规模的改造工程启动，目是将广州足球俱乐部主场的天河体育中心打造成世界一流的足球俱乐部主场

资料来源：根据访谈资料和网络资料整理。

表 5-10　地方政府促进天河北跨国企业、高端生产性服务业人才集聚的政策文件

行政单元	具体文件	主要目的
天河区	1990 年7 月18 日，区召开进一步发展该区外向型经济动员大会。会议公布了区委、区政府制定的《关于加快发展外向型经济的决定》和《关于进一步完善鼓励外商投资的实施办法》两项决定	引进外资，发展经济
广州市	《广州市关于加快发展总部经济的实施意见》(穗府〔2010〕2 号)	助推天河北 CBD 升级
天河区	《中共广州市天河区委 广州市天河区人民政府关于促进高端服务业发展的若干措施》(穗天字〔2011〕17 号)	吸引高级生产性服务业入驻天河商圈
广州市	《广州市现代商贸业重点培育发展企业重点项目的认定与扶持办法》(穗府办函〔2010〕135 号)	吸引全球占重要地位的跨国企业、大型国有企业以及民营企业
广州市	《中共广州市委 广州市人民政府关于加快发展民营经济的实施意见》(穗字〔2010〕15 号)	释放经济活力，增强民营经济实力
天河区	《天河区企业办事优先卡制度》(穗天府〔2003〕34 号)	招商引资的优惠制度设计
天河区	《天河区专业技术拔尖人才选拔管理办法》(穗天办〔2008〕23 号)	引进(跨国)高端专业性技术、管理人才
天河区	《天河区引进重点企业奖励办法》(穗天府办〔2012〕34 号)	引进具有重大影响力的跨国企业、大型国有企业以及民营企业
天河区	《天河区鼓励招商机构引进投资奖励试行办法》(穗天府办〔2012〕30 号)	专设招商引资机构及其绩效鼓励
天河区	《关于印发〈中共广州市天河区委 广州市天河区人民政府关于建设高层次人才创新创业示范区的实施意见〉及六个配套政策的通知》(穗天字〔2013〕2 号)	引进(跨国)高端专业性技术、管理人才

资料来源：根据广州市天河中央商务区的宣传册资料整理。

5.4 综艺活动空间消费介入的社会关系变化

天河体育中心不仅是体育赛事的举办地，集聚了广州具有代表性的体育场馆和体育产品，还是各种大型演唱会、表彰会、纪念活动、文艺演出、会展博览、节庆活动等一系列大事件的展示空间。其中，全市性的大型活动有：国际旅游文化节、国际美食节、家居装饰博览会、春节花市等。此外，中央电视台《同一首歌》《欢乐中国行》《明星演唱会》等栏目也曾在天河体育中心举办，体现了天河体育中心大型体育场馆公益性和商业性并存的社会文化价值，成为吸引国际资本入驻、营销的载体。对于居民和消费者而言，天河北则成为节庆消费、猎奇消费、体验消费、健身消费等空间消费的"想象空间"和国际流行、时尚前沿、品质生活方式的"符号"。天河北在政府、资本、制度推动的实体空间基础上向文艺活动介入的跨国群体生活空间和国际化消费空间转变。社会关系也不再是外来人口与本地居民、游客与消费者的地缘和业缘关系，而是差异化空间消费的使用者和服务群体间的多元异质的城市社会关系。

5.4.1 空间实践：文艺展演介入的国际化形象塑造

天河体育中心定期与不定期的大型体育赛事、节庆活动和文艺汇演强势介入了国际化形象的塑造。众多的文艺汇演和公益性、商业性演出活动的赞助商、主办方多为地方政府和大型跨国企业。香港回归等国家重要的庆祝性活动由政府的重要机构和市民共同参与。中德音乐会、中美拳击对抗赛、国际花卉节、亚运会、亚冠足球联赛等国际化赛事和文艺活动成为吸引全球目光的手段（表5-7）。天河体育中心举办国际赛事、引进超级足球明星及体育事业的跨国运动使得体育中心成为展示中国体育事业的基地和走向国际化雄心的"符号"，天河北瞬时成为一个"全球化"的空间。加之周边密集的现代化摩天大楼景观，使得天河北的国际化形象更鲜明，此时的场地已成为充斥着"绚烂国际化"的地点和集会场所。文艺展演的个体间互不认识，但因文艺展演活动日益吸引了多样化的人群，营造出一个新的现代活动空间，具有开放、多元的消费与服务的社会关系。体育活动、文化节日和建筑肖像的组合成为展示世界城市跨国空间图像的跨国实践（表5-11）。

表 5-11　不同行政主体介入的重要标志性活动

时间	考察活动	地点	事件类别	行政级别
1931 年 1 月 12 日	广州市首届马术表演和跑马比赛。国民政府省市军政要人及观众 1000 多人到场参观	原天河机场	娱乐	省级
1987 年 5 月 4 日	中共中央政治局委员、国务院副总理等领导人先后视察天河体育中心	天河体育中心	中央领导视察	国家级
1987 年 11 月	国际奥委会主席视察天河体育中心	天河体育中心	国际组织考察	世界组织
1987 年 11 月 20 日至 12 月 4 日	全国第六届运动会开幕。党和国家领导人出席了开幕式、闭幕式。20 日上午，区政府举行"天河区共庆六运联谊会"	天河体育中心	六运会	国家级
1989 年 9 月 9 日	中共中央政治局常委、中央书记处书记视察天河体育中心	天河体育中心	中央领导视察	国家级
2001 年 9 月 10 日	全国"三五"普法大型法律咨询活动	宏城广场	法律咨询活动	省级
2001 年 9 月 13 日	第九届全国运动会"走进新时代"别克杯火炬传递活动起跑仪式隆重举行	天河体育中心	迎接九运会	省级
2001 年 10 月 27 日	健康教育大型宣传咨询活动在宏城广场举行。区人大常委会副主任，区政府副区长，区政协副主席及有关部门领导、专家、教授共 50 多人参加了咨询活动	宏城广场	健康教育咨询活动	区级
2001 年 12 月 2 日	天河区普法办联合省委宣传部、省普法办举行"全国法制宣传日"法律咨询活动	天河体育中心	法治宣传	区级
2002 年 4 月 21 日	天河区开展了科教、文体、卫生、法律"四进社区"宣传活动	天河体育中心	宣传活动	市级
2002 年 8 月 25 日	国际童声合唱节联欢夜在天河体育中心举行。市领导观看了来自韩国、俄罗斯、德国、中国四个国家的精彩演出	天河体育中心	音乐活动	市级
2004 年 1 月 15 日	广州市委、市政府领导以及相关部门负责人到中信广场、天河城大厦进行消防安全检查	中信广场、天河城	安全检查	市级
2004 年 4 月 14 日	亚奥理事会考察评估团与广州亚申委到天河体育中心考察体育设施和市民开展体育健身运动的情况	天河体育中心	国际组织考察	世界组织
2004 年 5 月 12 日	广州沙东有利国际服装批发城升级改造完成并举行庆典	天河体育中心	文艺晚会	市级
2004 年 10 月 1 日	广东省委、广州市委、天河区委等领导参加庆祝中华人民共和国成立 55 周年游园联欢活动	天河体育中心	游园活动	省级
2005 年 9 月 30 日	由区委、区政府主办，天河南街承办的 2005 年"绚丽天河"——国庆暨党风廉政宣传教育文艺晚会在天河体育中心举行。省、市纪委有关领导和区班子、区纪委班子领导出席了此次晚会	天河体育中心	宣传活动	省级
2005 年 11 月 25 日	2005 广东国际旅游文化节开幕式在天河体育中心举行	天河体育中心	节庆活动	省级

资料来源：根据《广州市天河区志》（1989～1995 年）、《广州市志(卷二)》和《广州市志(卷三)》整理。

5.4.2 空间表征：多方资本介入的国际化空间设计与改造

1982 年，《天河体育中心综合区规划》确定了该区体育、旅游、贸易、娱乐的多样化功能。1991 年，《广州城市总体规划(1991—2010)》明确了其新的城市中心地位，1993 年，天河北中央商务区建设得到国务院批复。2005 年，《广州天河分区规划》强化了其面向 21 世纪的中央商务区的定位。由政府相关部门牵头，大型规划设计机构参与编制的规划不断形塑着天河北国际化空间的发展方向。由刘荣广伍振民建筑师事务所(香港)有限公司和广州市城市规划勘测设计研究院联合设计，熊谷组(香港)有限公司、广州市第二建筑工程有限公司和香港佳定工程有限公司联合建设的中信广场本身就是国际资本角逐的结果和产物。怡苑小区、名雅苑、天河城广场、太古汇、正佳广场等大型高端住宅与商业综合体同样也是由港资、外资等第三方资本推动建设和运营的。其中，于 1996 年运营的吉之岛天贸天河城店为广东省首家中外合资的百货公司，引进了日本综合购物超市 GMS 的经营方式。

1997 年，由于亚洲金融危机的影响，房地产市场陷入困难，广州市城市建设开发总公司原定在宏城广场原址上建设的超高层摩天大楼被搁置。最后，由 3 个私人投资者从广州市城市建设开发总公司拿到了地块的开发权，建成了三栋 2 层或 3 层的低矮建筑，吸引了 200 多家商铺的入驻，成为商铺投资的乐园。但是在后来的发展中与周围高楼林立的高端商务空间形成明显差异，2010 年宏城广场启动改造计划，由著名的吕元祥建筑师事务所和贝诺建筑设计事务所(Benoy)共同规划及建造，改造后该项目成为融合城市公园的商业广场，并更名为"天环广场"，以彰显其世界顶级高端商场的地标。体育中心曾数次启动改造计划，包括增建地下停车场、天河时尚城等资本增值、重塑"国际化空间"形象的改造，特别是 2015 年对照世界顶级足球俱乐部主场标准改造天河体育足球场，使其更为专业化、全球化，推动天河体育中心全面升级改造，助力广州申办亚洲杯。天河北足球赛事空间的形成推动了中国足球文化的再兴和足球事业的万丈豪情，足球文化成为日常生活消费的一部分，也成为天河北文化介入商业资本的典范，强化了全球化时代的商业文化消费关系，也成为广州城市全球化水平提升的"文化符号"。

5.4.3 表征空间：体育社区与日常健身空间

在天河体育中心开展各种运动的居民每年约 800 万人次，包括年轻人、中年人、上班族等各个群体。尽管他们之间在收入、职业和住房等方面存在较大差异，由于日常的健身活动这一生活行为将其联系起来，构成新的亚文化群体。

他们以日常的身体锻炼为主，中老年人居多，练习时间集中在早晨，太极拳、木兰拳、长拳、南拳、气功是主要的练习项目。黄昏时分，居民以散步、遛狗为主，一种体育健身的休闲文化和生活方式已经在天河体育中心所在的社区形成，成为大众健身活动的日常生活空间。居民间结成了以不同健身项目为主题的健身群体关系，并渐趋稳定。天河体育中心成为大众的集会、健身和消遣的日常生活场所。

5.5　小　　结

天河北商务型跨国空间经历了近一个世纪的演变，由一个偏僻、封闭的地方发展为标志广州城市全球化水平的"符号化"空间。这根本原因在于跨国要素的集聚，在跨国要素不断集聚的过程中，去地方化和解除制度束缚是最直接的表现。跨国资本、文化事件、政府规划的协同作用助推天河北商务型跨国空间的形成，在留学教育、文化娱乐、体育休闲、交通枢纽等方面承担着重要的城市职能。天河北商务型跨国空间是与特定时代的广州城市发展背景以及中国城市"引进来，走出去"的发展方向联系在一起的，与广州推进世界城市的发展宏图联系密切，是一个不断累积不断重塑的历史过程。

第6章 景区型跨国空间生产机制

6.1 走向国际化社区的红岩村

社会学、人口学、经济学及地理学等多个学科从不同角度对国际化社区进行了相关研究,多集中在文化融合、社会治理、社会工作介入社区治理、国际化社区空间、族裔经济等方面。总体来看,国际化社区应该具备以下三个方面的特征。第一,社区人口的国际化。社区中外籍人口的数量是衡量一个社区是否是国际化社区的重要指标,是国际化社区形成的基础。但不同地区国际化社区的外籍人口数量的指标不尽相同,《浦东新区国际化社区的建设目标和发展规划》中指出,国际化社区中外籍居民的比例应为 30%,也有学者指出北京标准为 20%。社区中外籍人口的比例并非是衡量国际化社区的唯一标准,并且相关的外籍人口比例更应该考虑所在城市的区位状况及经济发展水平等影响因素,因此暂将外籍居民相对较多的社区称作国际化社区。第二,社区配套设施的国际化。国际化社区应该拥有完善的基础设施和高端的配套服务设施,以满足社区居民国际化生活的需要。第三,社区理念的国际化。社区的治理体系、服务水平等都应与国际接轨,要能够为社区居民提供高质量的国际化服务。综上所述,国际化社区是存在较多外籍居民,社区基础设施和配套服务设施能够满足国际化居民的生活需要,社区管理体系达到国际化标准,不同国籍、种族、文化背景的人能够和谐共处的城市社区。

红岩村是重庆最早提出打造国际化社区的社区,也是目前重庆较为典型的国际化社区之一。红岩村社区于 2012 年成立,位于重庆市渝中区化龙桥街道,周边商圈林立,具有优越的地理区位条件。东达华村立交桥,西与沙坪坝区(滴水岩)交界,南靠石油路街道,北与江北区隔江相望。红岩村社区是一个集居住、商贸、休闲、旅游于一体的综合性社区。该社区是由原红岩村社区、江南村社区以及黄桷村社区(部分)组成,辖区内有雍江苑小区、雍江艺庭小区、雍江悦庭小区等高档小区。此外,红岩革命纪念馆、重庆天地、嘉陵中心、企业天地、天地湖等也是该社区的重要组成部分。

6.2　地产开发项目引领的都市旅游区

重庆天地所在地块为渝中区最为平坦和迎江面最长的地块。作为都市旅游景区的建设和发展源于 2000 年启动的一个旧城改造项目——重庆天地项目。此地块原为重庆工业集中区，2004 年拆迁完成，2005 年由香港 A 地产开发，2017 年 B 地产与 A 地产合作接续开发，其最早的住宅建筑都是 2008 年建成的，因此，本区为重庆母城中的"新区"。重庆天地项目由企业天地 5A 级甲级写字楼群、嘉陵中心商场、重庆天地休闲娱乐区、人工湖湿地公园、高品质住宅等多个区域组成，涵盖优质住区、商业中心、商务中心、休闲娱乐等综合业态。项目总占地约 1800 亩[①]，是大型国际化商业综合体，涵盖高品质住宅、商务中心等综合业态，并设有会展、贸易、批发中心、智能写字楼、餐饮、娱乐、购物、休闲及相关社区配套设施。重庆天地旅游景区东起嘉华大桥，西至渝中区红岩革命纪念馆。2012 年，重庆企业天地被政府授牌成为"重庆国际商务区"，吸引了诸多跨国公司进驻。2015 年，重庆天地被评为国家 4A 级城市旅游景区。

6.3　中国重庆红岩村社区的地景变迁与功能演化

6.3.1　红色记忆的南方局时期（1949 年以前）

红岩村社区是红色文化的记忆空间。在战争年代，多位伟人在此留下足迹。1939 年 1 月，以周恩来为书记的中共中央南方局在重庆成立，南方局和八路军驻重庆办事处均设在红岩村。南方局是 1939～1946 年中共中央派驻在重庆的代表机关，对外称八路军驻重庆办事处。周恩来、董必武、吴玉章、王若飞、叶剑英、邓颖超等革命前辈在红岩村进行了不懈的革命斗争。抗日战争胜利前，南方局积极争取国内国际的支持，团结国统区广大爱国民主力量，为争取抗日战争的胜利作出了重要贡献。抗日战争胜利后，南方局在国统区积极推动和平民主运动，建立了人民民主统一战线，形成了第二条战线。1945 年 8 月，毛泽东到达重庆，进行国共和谈，签订了《政府与中共代表会谈纪要》（即《双十协定》）。毛泽东在渝谈判期间，在红岩村居住了 40 多天。1946 年，周恩来率中共代表团去南京后，由吴玉章在重庆主持中共四川省委、中共代表驻渝联络处和《新华日报》重庆分馆工作。红岩村的这一段近代史记忆成为红岩革命纪念馆和红色文化向全国乃至

---

① 1 亩≈666.67 平方米

全世界传播的地方文化基因。

6.3.2　兴盛的"工厂一条街"与纪念空间时期（1950～1994 年）

中华人民共和国成立后，为了纪念中国共产党在抗日战争和解放战争时期于重庆长期斗争的历史功绩，特将原八路军驻重庆办事处旧址重新整修复原，建成红岩革命纪念馆，于 1958 年正式对外开放，自此，红岩革命纪念馆便作为纪念空间而存在，红岩村也因此为世人所知。红岩村所处的化龙桥片区，建成了重庆第一座城市公路大桥——化龙桥，由于化龙桥片区位于重庆至成都公路旁，是出入重庆的必经之路，借助水路、公路的交通便利和靠近中心城区的地理优势，逐渐发展成为重庆城区重要的工业区。中华人民共和国成立初期，化龙桥一带的工厂进行了公私合营改造，改造后的企业成为城市财政的主要收入来源。在鼎盛时期，共有 200 多家工业企业，职工近 5 万人，主要以机电、微电机、弹簧、橡胶及汽车配件生产为主。主要的工厂有重庆特种电机厂、中南橡胶厂、博森电器厂、卡福公司、红岩弹簧厂、重庆微电机厂、重庆阀门厂等。特别是 20 世纪 50～60 年代工业发展空前繁荣，职工福利待遇丰厚，兴建了大量的职工住宅，这一地区成为"工厂一条街"。"工厂一条街"象征着红岩村社区在 1949 年后计划经济时期工业的大发展。如今，工厂时代的集体生活记忆也只能在一些摄影展、影像展中看到，重庆城市工业时代的记忆大多留在了化龙桥。化龙桥之所以能够成为重庆重要的工业基地，是因为其特殊的地理区位。

6.3.3　衰落的工业基地"下岗一条街"时期（1995～2004 年）

1995 年后，化龙桥片区的工业产品和创新日趋式微。一些工厂的生存都成为问题，部分工厂相继搬离、改制、倒闭。一方面是因为大批国有企业因技术落后、设备陈旧、产品滞销等原因渐渐失去市场竞争力；另一方面是国有企业改革过程中的裁员，导致大批下岗企业职工的出现。曾经繁华的区域逐渐衰落，化龙桥片区变成了相对欠发达区域，由于之前有"工厂一条街"的美誉，而工厂衰落之后大量工人下岗，化龙桥片区沦为"下岗一条街"。在国有企业改革过程中，由于化龙桥片区工厂的衰落，住宅区由于缺乏资金而未得到修缮，居住环境也逐渐恶化。大部分住区成为老旧住区，基础设施陈旧。由于本区隶属渝中区，地理位置优越，如何改变这一地区日益衰落的城市环境成为政府和居民最为关心的话题。幸运的是，在重庆市政府的持续努力下，化龙桥迎来了旧城改造的机会。

6.3.4　国际商务区建设时期（2005 年至今）

在 2005 年正式启动化龙桥片区旧城改造之前，经历了长期的改造方案规划设计的酝酿。2004 年，化龙桥片区开始拆迁安置工作，化龙桥片区涉及的拆迁户有12 650 户，拆迁房屋面积为 131 万 m^2，为当时重庆市最大的旧城改造项目。2005年，化龙桥旧城改造正式启动，在上海新天地改造过程中已积累有旧城改造经验的 A 地产，将化龙桥旧城改造项目命名为重庆新天地。重庆新天地项目的主体位于红岩村，规划将化龙桥片区作为渝中区西部新核，打造西部最大的制造业服务中心。化龙桥片区旧城改造有三个主要目的：一是要改善当地居民的居住条件；二是让老企业获得新生，让老企业通过土地置换，到开发区建新厂房、购新设备、培养新的职工队伍、拓展新的发展空间；三是完善中央商务区的功能定位，打造国际化的制造业服务中心，形成现代服务产业集聚区，提升重庆的城市竞争力。重庆新天地主要包括以高级写字楼为主的企业天地，以游、购、娱等商业综合体为主的嘉陵中心，以特色商业文化区为主的重庆新天地以及高端居住区。此外，已建成的雍江苑、雍江御庭、雍江悦庭、雍江翠璟、雍江艺庭、雍江翠湖、翠湖新天地等七个高品质小区，吸引了许多外籍人士到红岩村居住。红岩村社区也因此成为重庆市外籍人士较多的社区。2016 年，重庆市渝中区政府试点建设红岩村国际化社区，进一步开启了红岩村的国际化进程。之后，随着国际化社区建设，在社区层面进行了一系列新尝试，例如将社会工作引进国际化社区治理。因此，从景观到功能，红岩村国际化社区已初步成型。

6.4　地产项目联盟推动的空间生产

重庆天地项目是一个大型城市综合体项目，其拆迁、规划、设计、建设以及后期的招商引资是在政府、A 地产、B 地产及世界级规划设计事务所组成的地产项目联盟过程中陆续完成的。这个联盟成员间的关系也不是在项目一开始就形成的，而是一个逐步联盟化的过程。

6.4.1　政策的引导与支持

20 世纪 90 年代以前的化龙桥以国有工厂的聚集而闻名重庆，并发展成为重庆相对富裕的地区。但随后国家经济转型，化龙桥跟不上转型步伐，陷入困境，产区逐渐衰落，成为工人生活困难的集中区域。为扭转这一局面，重庆市政府通过土地置换、产业升级与纳入大石化片区更新提质的整个地块开发模式进行化龙桥片区的旧城改造①。市政府以旧城改造项目的形式，通过引进商业、服务业等新业态，完成化龙桥地区的产业升级，拆迁户数达到 12 650 户。重庆天地项目从设计、规划、建设、招商都离不开市政府适时的引导和政策支撑。

在具体规划和建设落地时，渝中区政府扮演着"调节器"的角色。首先，将化龙桥定位为"西部最大的制造业服务中心"，吸引国际交流、购物、办公、高端居住等商业和服务业。其次，渝中区政府大力改善化龙桥片区交通状况，开通从化龙桥至大坪的长和路，以及另一条连接化龙桥与大坪商圈的城市支路——红云路的建设，已有的嘉华大桥及 2022 年通车的红岩村嘉陵江大桥②，再加上已建成的轨道交通 5 号线和 9 号线，使得化龙桥的交通变得立体通畅。再次，在招商引资方面，注重高级生产性服务业和制造服务业的引进。入驻重庆天地的世界 500 强企业有德勤会计师事务所（全球四大会计师事务所之一）、Asea Brown Boveri 有限公司（ABB）、三菱电动自动化有限公司、施耐德电气有限公司、通力电梯集团公司等 8 家，以及毕马威企业咨询、巴马丹拿建筑设计咨询等诸多知名全球生产性服务机构。2014 年，大龙网旗下的渝中区跨境电子商务产业园——"龙工场"落户重庆天地，成为重庆第一个跨境电子商务产业园区和第一个产业集群的园区。

在街道和社区层面，始终着眼于国际化社区的建设。红岩村社区在 2016 年提出试点打造国际化社区，但在这之前，红岩村社区早已开始国际化社区建设的探索。2015 年，红岩村社区工作人员和街道干部就前往上海淮海中路街道和广州猎德街道学习国际化社区建设的经验，探索出社区工作者培训、"一门式"受理等工作方法，并且在辖区内对本地居民和外籍居民发放问卷开展服务需求调查。同时，社区与高校科研团队合作，调研并制定红岩村国际化社区建设规划实施方案。设立"外籍人士管理服务站"，为外籍人士提供便民服务。同时联合社区各利益主体，采用多元自治模式，统筹安排社区工作，为社区的外籍居民提供更好的服务。

市政府、区政府、街道和社区在化龙桥国际商务区和国际化社区的建设过程中，各自承担了不同的使命。从市政府的产业升级、区政府的招商引资、街道和社区为外籍人士的日常生活开展的专项服务在不同方面推动了重庆天地跨国商务区的空间转型，成为重庆市政策红利最为集中，不同层级政府部门传导、联动的典范区域。

6.4.2 从单一项目到联合项目

重庆天地项目是 A 地产继上海和南京大规模投资房地产业之后，在西部地区

---

① 渝中区政府于 2012 年成立了大石化管委会，对大坪、化龙桥、石油路三个街道进行统筹发展。
② 红岩村嘉陵江大桥于 2012 年 12 月 20 日动工建设，于 2022 年 10 月 28 日通车运营，历时近 10 年。项目总投资 84.3 亿元。

投资的第一个项目，重庆天地总投资 100 亿元，占地 1800 亩，开发总建筑面积 200 多万 m²，于 2005 年动工兴建，采用了先建设高档住宅后进行商业开发的"先住后商"的模式。A 地产的巨额投资背后看重的是化龙桥地块的溢价潜力。为此，开发之初，就将其功能区定位为金融商贸、高档住宅、城市休闲、通勤节点等综合型城市新片区。山城要素、跨国要素是其重要的考量，意大利风格的山城小镇住宅区首先建设，之后的商业综合体重庆天地部分则是山城要素、跨国要素与现代建筑的结合。

2005 年，化龙桥地块 759.85 亩土地以 15.8288 亿元完成交易，成为当时重庆最大的一单土地交易。而且，当时报名的地产开发商只有 A 地产一家公司。一方面是投资数额巨大；另一方面 A 地产在上海同类型旧城改造项目中已有相关经验。因此，化龙桥地块建设之初只有 A 地产一家公司参与，包括特色商业休闲区、滨江高档住宅、国际甲级写字楼、五星级酒店、购物中心、人工湖、学校等多重业态和配套设施以及重庆天地的物业运营。由于集团自身及其重庆天地项目的体量巨大，当雍江系列高端住宅、重庆天地、企业天地部分完成时①，A 地产面临资金压力，主动提出合作意向，将重庆天地项目组团中 79.2%的股权卖出。此后，其他知名企业主动参与了合作意向的招标。2017 年，A 地产与 B 地产达成合作意向。同年，B 地产的翡翠天麓销售中心开放，B 地产的翡翠系列高端住宅入市。同时，重庆天地也是 B 地产投资建设的第一个大型商业+办公+酒店+公寓综合体项目。

除 B 地产之外，其他公司也参与进来。从单一地产公司主导的项目到境内外地产公司联合开发，重庆天地项目的建设已经历时 10 年有余，其特殊性在于城市大盘的操作、地方情怀的赋能和国际品质的追求，这些高品质要求明显区别于其他城市重建项目。这也从另一方面说明项目对空间的改造方式并非是一路坦途。A 地产天地模式的商业逻辑建立在地块溢价和后期的商业办公业租金上涨层面，其项目本身以综合性、城市旅游景点、跨国界交流、地域文化和时尚文化并存为基本特征。在规划设计以及后期建设运营中都拥有着高度的增长潜力和商业回报。然而，事实上项目的扩展与城市开发建立起关系后，就形成一个互动逻辑，因此项目自身的规律在一定程度上受到约束，当约束阈值与资本扩展的矛盾相互作用时，就会出现项目联合、项目重塑的现象。加之，项目体量庞大，建设过程环节较多，且环环相扣，因此，城市大型项目开发的参与模式被"规训"，其中项目联合、弹性合作的模式更具可行性。

---

① 截至 2016 年底，重庆天地项目规划中的 1.3 万套住宅、7 个小区交付后，其他地块尚未动工。

6.4.3 世界级建筑设计项目联盟

重庆天地项目在设计、规划、建设、工程管理方面形成了项目联盟。联盟内的成员各司其职，层层把关。重庆天地项目汇集了全球杰出建筑设计事务所及设计师，美国 SOM（Skidmore, Owings and Merrill）建筑设计事务所、美国 KPF（Kohn Pedersen Fox）建筑事务所、英国奥雅纳工程顾问公司（Ove Arup& Partners）等世界著名设计机构进行空间创意和可持续性规划，按照国际标准打造，通过了多项国际通行的能源与环境设计认证（leadership in energy and environmental design, LEED）（图 6-1）。建筑设计师本杰明·伍德（Benjamin Wood）（上海新天地设计师）将重庆天地分为 5 个建筑群（Block 商业街区），每个群落最高 5 层，由高低村落、吊脚楼、商业主楼、创意办公楼和 19 画廊组成。

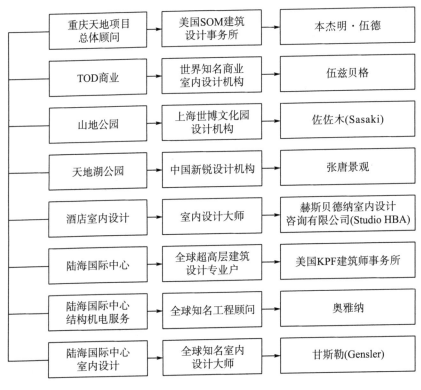

图 6-1 重庆天地项目的世界级建筑设计联盟

世界级建筑设计事务所、设计师参与城市地标性建筑设计和项目整体规划在我国城市中并非先例，上海、北京、杭州等城市的成功经验得到推广。市政府、项目投资方也需要世界顶级设计机构的专业化服务和质量保证。这样,不仅设计机构、建设机构可以成为联盟成员,政府和投资方乃至高端住宅业主也可以成为联盟成员。至此,A 地产旧城改造的社区模式得以成功运行。

6.4.4　外籍人士工作-生活空间的邻近可达

项目建设之初,该地块与城市成熟的商业住宅片区的交通联系是一个瓶颈。因此在开发建设过程中,轨道线和红岩村大桥的建设是最重要的基础设施。然而,基础设施的建设周期长,加之重庆具有山城特征,完成交通工程项目极具挑战性。这影响了雍江系列住宅业主的通勤,也加剧了此地的交通拥堵。外籍人士是一类比较特殊的群体,由于其工作地大多在企业天地,居住地又在雍江系列住宅区,通勤距离短。这一效应促成了外籍人士大量集中居住在雍江系列住宅区,成为重庆外国人集聚区。主要原因有三个方面。

首先,社区的可达性。尤其是到公司的通勤时间将会在很大程度上影响外籍人士的社区选择。大部分外籍人士是企业天地的外资企业职工,其他的外籍人士有的在其他商圈的企业工作,有的在外国驻渝领事馆工作,有的是四川外国语大学的外籍教师。从红岩村社区前往其他商圈的驾车时间为 10~30min,外国驻渝领事馆大多位于渝中区解放碑附近,到四川外国语大学的驾车时间也只需约 20min。

其次,单身的外籍人士倾向于住在较繁华的地段以满足娱乐社交的需求。重庆天地及嘉陵中心内的酒吧、咖啡厅、影院等恰好能够满足外籍人士的需要。

外籍人士去酒吧的比较多。因为我们平时去入户时小区的保安说很多外籍人士会凌晨去泡吧,然后再回来。周围的配套设施能满足他们的日常需要。

——社区访谈

以家庭为单位的外籍人士,则会关注社区与国际学校和医院的距离。红岩村距最近的涉外医院(中国人民解放军陆军特色医学中心)仅需不到 20min 车程(表 6-1)。但重庆市范围内的专业国际学校相对较少,包含从幼儿教育到高中教育的国际学校只有三所,但是红岩村有两所国际学校为寄宿制(表 6-2)。此外,位于红岩村社区中的巴蜀天地幼儿园拥有外籍教师,能够解决一部分外籍人士子女的入学问题,并且辖区内的红岩村小学及人和街小学也接收外籍人士的子女上学(表 6-3)。

表 6-1　重庆市主要涉外医院

序号	涉外医院	地址
1	中国人民解放军陆军特色医学中心(大坪医院)	渝中区大坪长江支路 10 号
2	重庆市急救医疗中心	渝中区健康路 1 号
3	重庆现代女子医院	南岸区南坪东路 8—5 号
4	重庆第三人民医院	渝中区枇杷山正街 104 号
5	金山国际医院	渝北经济开发区鸳鸯湖 39 号
6	陆军军医大学西南医院	沙坪坝区高滩岩正街 30 号
7	华西口腔(龙湖门诊)	渝北区新牌坊新南路龙湖南苑对面
8	重庆医科大学附属第一医院	渝中区袁家岗友谊路 1 号
9	重庆医科大学附属第二医院	渝中区临江路 76 号
10	重庆医科大学附属儿童医院	渝中区中山二路 136 号
11	陆军军医大学新桥医院	沙坪坝区新桥正街 83 号
12	重庆市人民医院	两江新区星光大道 118 号
13	重庆医科大学附属口腔医院	渝北区松石北路 426 号
14	重庆市中医院	江北区盘溪七支路 6 号

表 6-2　重庆市部分国际学校

国际学校	地址	类别
重庆耀中国际学校	渝北经开区鸳鸯镇湖霞街 2 号	寄宿制
重庆枫叶国际学校	永川区学府大道枫叶路 777 号	寄宿制
重庆诺林巴蜀外籍人员子女学校	渝北区龙溪镇新南路 6 号	只招收外籍人士子女

表 6-3　红岩村社区辖区内的学校

学校	类别
巴蜀天地幼儿园	幼儿园
红岩小学	小学
人和街小学	小学
重庆市第二十九中学校	完全中学
重庆工业职业技术学院	中等职业学校

　　我了解到我们居委会对面的红岩小学，每学期有两三个班，每个班都有两三个外籍人士的孩子。

——社区访谈

最后，外籍人士在重庆天地居住，生活上具有极大的便利性。同时，还可以对重庆地方历史和社会文化产生近距离感知。总之，重庆天地开发建设的社区模式给外籍人士提供了居住—工作—购物—闲暇等城市生活行为空间的可达性。外籍群体和高收入群体在重庆雍江系列住宅和翡翠系列住宅的置业为商业综合体的运行提供了保障。也就是说，外籍群体和高收入群体生活空间的形成推动了整个项目的运行，而一边建设一边生活的项目运行节奏成为重庆天地项目的常态。时至今日，仍然如此。

6.5　空间生产的模式

6.5.1　高档住宅区的建设占据主导

红岩村国际化社区目前拥有雍江艺庭、雍江悦庭、雍江苑、雍江翠璟、雍江御庭、雍江翠湖、翠湖天地七个高档小区。这七个高档小区中雍江系的六个小区均由 A 地产开发建设，小区内的物业均为 A 地产的自有物业公司。除了新近建成的雍江翠湖、翠湖天地两个小区外，其余小区均有高档会所，小区内均设有游泳池、篮球场、健身房等休闲健身设施，且小区绿化率较高，内外部环境和物业服务水平良好。大部分小区为封闭式社区，有岗亭及摄像头等安保设备。

在选择国际社区的周边环境时，外籍人士最看重国际社区自然环境是否优美宜人。红岩村社区北临嘉陵江，且辖区内有重庆市主城区最大人工湖——天地湖。同时渝中区政府已建成了渝中山城公园，将渝中区六大公园连接为一体，红岩村社区居民可从小区西部通道登上山地公园的山脊观赏城市风景。综合来看，红岩村社区的自然环境和景观与渝中区其他区域相比，都是非常好的，满足了外籍人士对社区环境的要求。

此外，在高档住宅区建设的同时，重庆市和渝中区两级政府通过区内外交通设施和交通体系的完善配合高档住宅区的建设，进一步强化了红岩村社区的高档居住环境。首先，红岩村社区自身优越的地理区位。红岩村所处的化龙桥，因其位于重庆主城几何中心的位置，到周边其他区域的可达性较高，能够满足居民的出行需求。从可达性来看，红岩村社区所处的化龙桥片区，位于渝中半岛西部，北与江北区隔江相望，西接沙坪坝区，虽地形因高差而呈狭长形，但驾车从红岩村至解放碑、观音桥、南坪、三峡广场等商圈的距离均在半小时以内，到大坪商圈的时间甚至不到 10min。其次，通过城市重大交通工程进一步优化红岩村社区的交通环境，同时改善江北区、渝北区、渝中区与九龙坡区的南北交通联系。此外，红岩村东部边界已有嘉华大桥与江北区相连，红岩村嘉陵江大桥也已经通车。

红岩村便捷的交通功能体系得到进一步加强。

6.5.2　高端商业服务设施引领

在重庆天地 10 余年的开发建设中，A 地产的社区模式与普通的商业开发形成区别，推动了整体项目的运行。2015 年，整体项目并未完成。商业综合体部分的重庆天地作为特色文化商业区，就被评为国家 4A 级城市旅游景区。融合了传统与现代设计的建筑，富有创意的涂鸦和有趣的雕塑，移步换景的空间格局，让这里成了名副其实的艺术小镇。同时，重庆天地内部众多的高档餐厅、咖啡厅、酒吧等，又让这里成为餐饮休闲的绝佳之选。嘉陵天地则为餐饮娱乐综合体，包含了众多餐厅、商店、影院、健身中心以及美容整形医院，同时还包含重庆欢乐海底世界等，能够满足外籍人士的餐饮娱乐需求。

6.5.3　项目重建后的社区发展

随着红岩村高档住宅区、商业区及其他配套设施的建设，越来越多的外籍人士和高收入群体进入红岩村，以此逐渐改变了红岩村的人口结构。截至 2019 年，红岩村社区户籍人口为 3935 人，常住人口近 6000 人，其中常住的外籍人士为 200余人，占总人数的比例为 3%。这些外籍人士来自韩国、意大利、美国、俄罗斯、英国等 20 多个国家，其中以韩国人居多，社区中有韩国人六七十人。红岩村社区拥有 7 个高档社区和 2 个规模很小的老旧片区，社区居民总体收入较高。外籍居民的构成主要有：①外企职工；②四川外国语大学教师；③外语培训机构、舞蹈培训机构等的外籍教师；④部分国家驻渝领事馆工作人员；⑤其他职业人员。其中，外企职工占了红岩村社区外籍人士中的很大一部分，其公司大多位于辖区内。外籍居民中短期居住的较多，长期居住的较少，租房的占大多数，购房的较少。

6.5.4　社区管理创新式服务的全程跟进

社区居委会作为社区居民自治的重要组织，在实际工作中，更多地承担着基层政府公共行政职能的工作。随着社会的发展，社区居委会的工作也开始兼顾对社区居民的服务。在社区层面，对于已有国际化社区端倪的红岩村社区，社区居委会和化龙桥街道办相互配合，提出了针对红岩村社区的管理理念和方法。

红岩村国际化社区目前除了拥有"一站式"便民服务中心、养老服务站、电子图书室等基础设施，还成立了重庆市首个服务外籍人士的"外籍人士服务站"，为外籍人士提供就学、就医、文化交流、家政介绍和法律咨询等多项便民服务。社区还注重培育自身文化品牌，利用重庆图书馆在社区建立了首个国际社区分馆，配备大量的外文书籍，为外籍人士提供了大量公共文化服务。红岩村国际化社区管理服务最大的改变就是引进社会工作助力国际化社区的治理。我国国际社区治理模式主要分为四类，分别是：①单位管理模式；②物业管理模式；③外籍人士参与社区治理模式；④政府主导模式。红岩村国际化社区则以多元模式为指导，将渝中区出入境管理支队、街道办社区科、派出所、社区居委会、上海丰诚物业管理有限公司、重庆外服公司、社会工作服务中心等召集起来召开联席会，确定各个利益主体的责任和分工，并通过民主选举，选出重庆扬光社会工作服务中心作为社区多元自治模式的领导团队。各利益主体在红岩村社区办公大楼统一办公，为社区居民提供一站式社区公共服务。因为外籍居民对中国的居委会没有足够的了解，通常居委会的行政命令或入户走访式制度在国际化社区较难开展。但外籍人士对社会工作的理念和方法十分认同。因此，重庆扬光社会工作服务中心与四川外国语大学在红岩村社区联合设立了筑梦屋外籍人士服务站。筑梦屋外籍人士服务站拥有一支精通英、法、意、日、韩、德等多语种的志愿者和专业社工队伍，服务站的工作主要有三个方面：第一方面是整合社区已有资源，统筹各职能部门，为社区中的外籍人士提供教育、医疗、购物、法律等服务；第二方面是将中国政府的相关政策宣传给外籍人士，同时将外籍人士的需求反馈给政府；第三方面是举办多种多样的活动，比如已连续举办多年的社区居民英语学习、外籍人士情境式汉语学习、本地居民出入境知识讲座、中外居民联欢等活动。不仅增进了中外居民的互相了解，还满足了双方语言学习的需要，同时也帮助外籍人士更好地融入社区。筑梦屋外籍人士服务站的工作，借助四川外国语大学的语言和文化优势，依靠专业的社会工作者，逐渐培育出多个志愿者组织和社工组织，使外籍人士参与公共事务的能力得到显著提升，社区对外籍人士的管理和服务水平得到显著提升。

6.6 小　　结

处理项目和城市的关系，将大型项目看作城市结构的一个部分，实现对城市经济、功能和空间结构的改善，由此形成项目与城市之间的合作关系。从零开始的大型开发项目如何在短时间内形成一个城市区域，并能保护和延续城市特征，还能长期良性发展？重庆天地项目的社区模式具有综合解决当前城市开发中多种问题的潜力。

首先，是政府规划的结果，通过重庆市政府一系列的开放战略举措，重庆对外资企业的吸引力越来越大，也同时促进了重庆市经济的不断增长。同时，渝中区政府将大石化新区作为渝中经济增长的新的一极，并授牌化龙桥为重庆国际商务区，使得化龙桥的基础设施条件和投资面貌得到很大的改观。红岩村社区居委会为打造国际化社区而进行了一系列创新举措，引进社会工作介入社区治理，统筹社区各利益主体对社区进行共同治理。从社区层面为国际化社区的形成和良好治理创造了条件。

其次，红岩村国际社区的形成还与以化龙桥片区旧城改造为导向的产业转型升级有关。重庆市政府引进 A 地产进行化龙桥旧城改造，打造重庆新天地，将以第二产业为主的化龙桥打造为以高档居住区和高端服务业为主的新城，通过产业的转型升级，成为西部主要的制造业服务中心，直接推动了红岩村国际化社区的形成。

再次，还与外籍人士生活空间的选择有一定的关系。红岩村社区所处位置为重庆主城各大商圈的几何中心且近年来由于化龙桥交通的大力建设，红岩村社区的可达性非常好。单身的外籍人士由于自身的社交娱乐需要，对咖啡厅、酒吧等有较大需求，红岩村社区的商业综合配套能够很好地满足这一部分外籍人士的切身需求。对于以家庭为单位的外籍人士，他们会在意国际医疗、教育设施与社区的距离，重庆的涉外医疗设施也较丰富。

最后，重庆天地国家 4A 级城市旅游区成为景区型跨国空间的根本在于政府、知识精英、资本三者结合的互动关系，这种互动关系直接推动了化龙桥地区的城市发展，在商业休闲、高端住宅、企业办公、都市旅游等方面形成了更加综合完善的功能空间。对于政府而言，实现了产业升级和大石化片区城市更新的发展战略。尽管项目并未最终完成，但是化龙桥已经成为重庆城市空间的"新符号"。对于资本而言，无论是 A 地产，还是 B 地产，都在重庆城市发展的历史上分享了发展的红利，赢得了企业的业绩乃至未来的溢价潜力。而那些全球知名的建筑设计事务所和设计师则在中国城市景观的升级中再一次完成了"知识的生产"（图 6-2）。

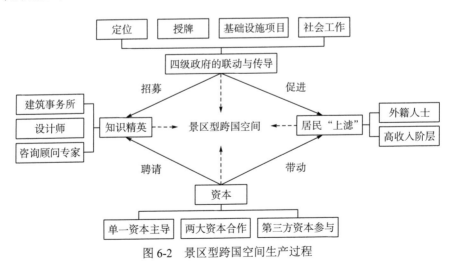

图 6-2　景区型跨国空间生产过程

　　经过 20 多年的发展，红岩村社区从工人集中的企业单位制空间逐渐发展为国际社区和城市地标，成为"游客与跨国人群的空间"。时至今日，住宅、写字楼、公园仍在建设之中，融合了地域化和全球化元素的特色建筑在重塑着"空间中的关系"。

第7章 遗产型跨国空间生产机制

7.1 世界遗产的跨国特征

世界遗产不仅具有地方特质，还具备跨国特征。第一，世界遗产将分散在全球的不同时间、不同地点的地理实体列入世界遗产名录，其本身是一种创造"符号"和"圣地"的方式。第二，正如《世界遗产公约》向我们揭示的，世界遗产在本质上是跨国的，因为它既超越了国家的概念，又在跨国界合作过程中形成。第三，世界遗产是在不同视角和不同地点的跨国领域中建构的一种文化现象。世界遗产是基于高度标准化、跨国关注度和专业知识的程序评选出来的。世界遗产清单是一种全球性的"语法"，通过它，分散的地方化景观可以被理解，协调进入并作为一种全球遗产来管理。罗伯特森（Robertson）认为，世界遗产的建构既是基于人类作为一种道德和想象共同体的观点，也是基于人类作为一种单一地方的建构。因此，世界遗产本质上是跨国性的。当一个地方或事物被纳入世界遗产清单，这意味着它被纳入了一个跨国性的标准框架，从地方瑰宝演变为世界瑰宝，也将受到随之而来的跨国性因素的影响。但同时，世界遗产的矛盾之处在于它并不是纯粹的地方化和跨国化。因为世界遗产想要表达的是独特、杰出、无价和不可或缺的"世界奇迹"。因此，世界遗产是跨国性与地方性的关系统一体。

本章以英国杜伦城堡与大教堂为案例，核心问题是：杜伦城堡与大教堂是如何使跨国性和地方性兼容共存的，如何基于地方性的历史去建构世界遗产的跨国性。为探索此问题，本章首先介绍研究区域；其次论证杜伦、城堡和大教堂三者间相互交织的发展历史，梳理出三者在时间轴线上的关系，从而展现出杜伦城堡和大教堂的地方性是如何在历史的发展中建立起来的；最后对世界文化遗产的城堡和大教堂背后的跨国性与地方性博弈作出思考，梳理出杜伦世界文化遗产发展历史中的影响因素，以及具有跨国性基底的地方内核。

7.2　英国杜伦城市的核心：杜伦城堡与大教堂

　　杜伦城堡与大教堂位于英格兰北部的杜伦市，距离最近的现代化城市纽卡斯尔 29km。这座像小镇一样的城市没有现代化城市的规模和发展印记，但具有重要的历史文化地位。杜伦半岛是中世纪时期英国的地理中心和杜伦的精神文化中心，紧邻现在的杜伦市中心。该区域由蜿蜒曲折的威尔河向北流经城市，将城市中心的三边包围起来，形成了杜伦半岛，且位于半岛的最高处。杜伦半岛为中世纪时期杜伦的主要城市区域，区域内的建筑和道路均保留着中世纪风格的底色，并且一直被人们使用着。

　　如今该区域的不同空间发挥着不同的功能。杜伦城堡如今是大学学院（University College）的学生活动和生活空间，包含学生宿舍、食堂、图书馆等。游客能购票入内参观，但城堡的功能仍是以服务学校为主。杜伦大教堂是一座建于1093～1133 年的罗马式诺曼建筑，被认为是世界上最伟大的大教堂之一[①]。大教堂是杜伦的地标，定期举办基督教仪式和活动（图 7-1、图 7-2）。这些活动中偶尔也会有与宗教关联不大的活动，如开在教堂回廊上的圣诞市集。大教堂也供游客参观，内设小型博物馆、咖啡厅和小型图书馆。Palace Green 图书馆是重要的学习和学术场地，馆内还有杜伦大学的考古博物馆。这个考古博物馆收藏了史前、古希腊、古罗马的各种文物、遗址考证和重要发现[②]。该区域中心的 Palace Green 草坪也会偶尔用于当地人和大学的集体活动[③]（图 7-3）。

　　之所以选择该区域，是因为该区域是杜伦的精神中心。不管是物质层面还是精神文化层面，杜伦是围绕着这片区域建立起来的。中世纪时期，几乎所有对城市历史产生重要影响的事件都发生在该区域内，它是杜伦历史的凝练。其中，杜伦、大教堂和城堡三者间相互影响。值得注意的是，这片区域又是极其特殊的，这些特殊性将在后文讲到并引发我们更深的思考。除此之外，杜伦是 1986 年英国第一批被指定为保护区的地方之一，是讨论世界文化遗产的代表性区域。

---

① Durham world heritage site. https://www.durhamworldheritagesite.com/learn/architecture/cathedral.
② Durham　University. https://www.dur.ac.uk/archaeology.museum/.
③ University College. https://www.durham.ac.uk/colleges-and-student-experience/colleges/university/.

图 7-1   从欧文门街望向 Palace Green 和大教堂（戈颂拍摄于 2021 年 11 月 4 日）

图 7-2   大教堂内的圣诞颂歌活动（戈颂拍摄于 2021 年 12 月 7 日）

图 7-3   城堡内的学生活动（戈颂拍摄于 2022 年 6 月 3 日）

7.3 英国杜伦城市与杜伦城堡的发展演变

7.3.1 城市的历史区位（882 年～1070 年）

杜伦城市和杜伦大教堂的历史开始于埋葬在此的圣卡斯伯特，这要追溯到林迪斯法恩的历史。约 635 年，在诺森布里亚(中世纪英国北方的王国)的奥斯瓦德的授命下，圣艾登建立了林迪斯法恩教区。在林迪斯法恩修道院的众多圣人中，圣卡斯伯特从 685 年起担任林迪斯法恩主教，直到 687 年去世[①]。882 年，在维京人的多次袭击之后，修道士们带着圣卡斯伯特的遗骸逃离了林迪斯法恩，逃至杜伦以北约 10km 的地方。995 年，维京人再次入侵，修道士们带着遗骸逃到了杜伦半岛。修道士们选择该区的一个原因是它的地形和半岛特点所带来的防御功能。

圣卡斯伯特的遗骸埋葬于此，就像是精神的种子，开启了杜伦的历史，奠定了杜伦的核心。可以说，这颗"种子"播种出的既是大教堂也是整个杜伦城。此外，关于牛的传说也成了杜伦文化核心的一部分(图 7-4)。该地很快成了朝圣之地，这座城市也围绕着教堂发展了起来。

图 7-4　威尔河畔的杜伦牛雕塑(戈颂拍摄于 2021 年 11 月 13 日)

---

① Durham. https://www.newadvent.org/cathen/05211a.htm.

7.3.2　中世纪政教合一的权力象征（1071～1537 年）

中世纪时期的杜伦具有重要的精神文化地位。与此同时，位于英格兰北部与苏格兰交界处的重要地理位置，使杜伦在北方的防御中扮演着重要的角色。精神文化和军事防御上的双重重要性分别以大教堂和城堡为代表，并让杜伦的城市发展走入了全盛时期。

杜伦主教以及大教堂的特权始于 1071 年，杜伦的主教享有独特的权力，比如能够任命郡长和法官、召开自己的议会、创建集市和市场等。杜伦依赖着主教、教会和大教堂的经济和文化影响力而不断发展。同时，主教的权力也对大教堂及区域内其他方面产生了重要影响。以城堡的大门为例，既有诺曼风格，也有后来主教加入的哥特式风格的元素，如图 7-5 中菱形的窗户顶。

图 7-5　城堡入口（戈颂拍摄于 2022 年 5 月 25 日）

7.3.3　政治功能的衰落与文化功能的设立（1538～1836 年）

1538 年，亨利八世对主教权力的限制以及对圣卡斯伯特神龛的摧毁开启了采邑主教制度的衰落过程。伴随着采邑主教制度的衰落，杜伦不再具有曾经极其突出的宗教地位。但杜伦的下一个身份，在研究区域内被"孕育"着，这源于大教堂和城堡除信仰与防御外的文化功能。

1669 年，约翰·科辛于 Palace Green 西侧修建了科辛图书馆，也就是现在的 Palace Green 图书馆。1777 年，位于杜伦半岛西南的牧俸桥(Prebends bridge)竣工。

1832 年，杜伦大学由最后一任采邑主教威廉·范·米尔德特主教建立，城堡成为杜伦大学的第一个学院。与此同时，杜伦大学考古博物馆由大教堂占地内的旧磨坊改建而成，并搬迁至现在的 Palace Green 图书馆，是英国第二个向公众开放的大学博物馆。杜伦半岛以大教堂和城堡为代表，完成了其政治功能向文化功能的转变，而后该区域内的大学院系也逐渐成立。

7.3.4　英格兰的文化之城：文化地位的再巩固（1837 年至今）

英格兰的城市发展大致经历了以下阶段：古罗马帝国时期，盎格鲁-撒克逊时期，维京人的入侵，诺曼人时期，王朝的更替，工业革命，第二次世界大战。每一个时期都推动着城市朝着不同的方向发展，同时又是之后的时期向前发展的基底。英格兰的现代城市面貌就是这些历史时期产生的影响的层层叠加和融合后的结果。杜伦与众不同之处在于近现代的重大历史事件，即工业革命和第二次世界大战并未对这座城市产生影响。这两次历史的骇浪并未重重地拍打在杜伦这座以城堡和大教堂为发展核心的城市上。

杜伦的城市中心自形成以后，在两百多年内没有发生较为明显的变化。城市空间形态的扩展速度相较于英国的其他工业城市变化并不大，其城市职能不断从军事防御向文教中心转变。一个突出的表现就是杜伦大学的扩展和国际声誉的日益提高。神话传说、宗教建筑和科教功能的叠加巩固了杜伦的文化城市职能和地位。特别是 1986 年，联合国教科文组织世界遗产委员会评选杜伦大教堂和城堡为世界文化遗产。提名原因有：杜伦大教堂是英国最大、最完整的诺曼式建筑，标志着 11 世纪罗马式雕塑发展的转折点；大教堂创新大胆的拱顶构成了一种远远超前于时代的实验性模型；以圣卡斯伯特的遗骸为核心，杜伦凝练了诺森比亚的福音传播和早期本笃会修道生活的记忆。以大教堂为核心，即使不复中世纪时期的权力巅峰，杜伦依旧被称为"英格兰的文化之城"。至此，杜伦作为一座文化之城的历史发展路径被框定下来。在后续的发展中，杜伦大学涌现出了大批科学巨匠和政治家，共有 12 个学科处于世界前 50 位，其中，地理学位列全英国第一（REF2021）、世界第三。杜伦大学的地理学院是世界领先的一流地理研究和教育中心（GRAS2019）；考古学院高居世界第八；神学院排世界前五，为全球顶尖宗教哲学研究中心。随着杜伦大学的声名鹊起，杜伦的科教文化城地位得以进一步确立。

7.4　地方精神与城市的文化互动机制

以圣卡斯伯特为代表的基督教信仰和文化孕育了坚韧强大的地方精神，成为杜伦城市发展的文化根基。地方总是能与其所在的更大范围的区域形成映射关系。正如城堡和大教堂能够很大程度地代表杜伦的发展史，以杜伦半岛为中心的杜伦发展史也凝练了英格兰北部的区域发展史。

采邑主教制度也是这些斗争与冲突催生的产物。邻近英格兰与苏格兰交界处的杜伦需要更大的政治影响力来稳固地方的发展，使其不会轻易失守。采邑主教的特权加之大教堂的重要地位和杜伦之于各方势力间的战略位置将杜伦推向了发展的高峰。1177 年，亨利二世在与当时的主教休·德·普约赛特发生争执后，暂时占领了城堡。1538 年，亨利八世直接开始限制主教的权力。随着国王权力的壮大和杜伦战略意义的式微，采邑主教制度最终被彻底废除，大教堂和城堡的空间职能也发生了巨大的变化。城市的任何变化都会影响世界遗产，就像遗址的任何变化都会影响城市一样。在历史的长河中，杜伦、大教堂与城堡三者相互影响和互动，交织出了丰富的城市发展历史。可以说杜伦的历史是城堡和大教堂的历史，而城堡和大教堂的历史也在很大程度上代表了杜伦的历史。大教堂存放着圣卡斯伯特的神龛，象征着这座城市的开端，是城市的精神中心。中世纪是杜伦城市空间发展的全盛时期，大教堂和城堡在这个时期被修建和加以雕饰。大教堂辉映着杜伦政教合一的特权和精神文化的核心，在城市的生活和经济中也扮演着核心角色，并主导着城市的天际线(图 7-6)。

图 7-6　主导着城市天际线的大教堂(戈颂拍摄于 2021 年 9 月 25 日)

杜伦也是围绕以大教堂为具象化的地方精神发展起来的。正如前文所说，以圣卡斯伯特为主要构成的文化与信仰的内涵像是城市的"种子"。这是一颗随着历史的狂风从林迪斯法恩吹来的"种子"，它落在了杜伦，在这里生根发芽，变得越发壮大，生长成了如今的杜伦。这颗"种子"可以是物理层面的，圣卡斯伯特的遗骸埋葬于此，人们先是修建了白色教堂后又修建了大教堂，而杜伦城的建筑和设施便是围绕着教堂修建起来的。这颗"种子"更是精神层面的，它深深根植于人们心中，以宗教和信仰含义建立起了超越时空的永恒，形成了城市特有的地方精神和历史文化，又被具象于民间的故事和传说中。

7.5　世界文化遗产跨国性与地方性的关联

通过前文的论述，我们已了解到是什么推动和影响了杜伦以及城堡和大教堂的历史。这样的历史构成了地方的物质遗产、丰富的文化内涵以及难以被动摇的精神核心，生成了强大的地方性。但有趣的是，杜伦的地方性，以城堡和大教堂为代表，也是 1986 年被赋予世界文化遗产的主要原因。世界文化遗产的头衔为杜伦带来了跨国的影响力，奠定了全球关注的基础。世界文化遗产的背后折射出跨国性和地方性的关联与互动。

特殊半岛地理环境和历史传说塑造了杜伦半岛地方性与跨国性的关联。城堡和大教堂被认为具有普遍的重要性，这种普遍的重要性便是转换为跨国性的重要潜能。中世纪时为杜伦半岛带来辉煌的是基督教与世俗权力，而这两种因素本身就带有普遍意义。基督教是世界性的宗教，而世俗权力本身就是没有太多边界的，因为权力关系几乎是无处不在的。基督教和世俗权力又推动了地方文化的发展。因此，在作为世界文化遗产进行传播的背后是推进地方性生成公众价值的过程，为向跨国性的关联奠定了基础。另一个要点在于世界文化遗产的纳入标准是地方性的，因为它看重的是独特、杰出和不可被替代。这便奠定了世界遗产是基于地方性再走向跨国性的内在逻辑。城堡和大教堂被选入的原因便是建筑的独特和卓越以及所代表的历史文化的重要意义。

那么城堡和大教堂又是如何处理地方性与跨国性间可能存在的矛盾？苏塞米尔（Susemihl）提出，要使地方特色不被世界文化遗产头衔暗含的跨国性所消解掉，需要具备以下三点。第一点，多样性的呈现，故事和历史的保存，以及认同感的塑造。城堡和大教堂的多样性表现在外观和功能上。城堡和大教堂均有不同时期的主教组织设计和修建的印记，也有后来的使用者所添加的新要素。在功能上，城堡同时具有校园空间和游客参观两种功能，而大教堂同时具有宗教事务、大学活动和游客参观的功能。第二点，有关杜伦半岛的故事与历史的保存前文已有详尽的论述，保存完好的城堡和大教堂更是历史与故事的实质性载体。第三点，杜伦并没有很刻意地去塑造认同感，但却有着坚实的地方精神，这源于城市文脉的传承和原真性的锚定与保护。除此之外，城堡和大教堂除了供游客参观，更占主导的是其他日常生活功能，正是这一点使杜伦有着更加现实的意义。

杜伦城堡和大教堂带来的更重要的启示在于，跨国性是可能建构在地方性之上的。本章已论述了地方性与跨国性产生的共同因素，这两种特性不再处于绝对的对立面上。能够支持跨国性建立起来的地方性是坚定且具有实质性内核的。坚定之处在于其历史发展过程中形成的地方精神，而实质性的内核在于其保存完好的原真性历史建筑和环境遗产。深深扎根的地方性是城堡和大教堂在面对跨国性的凝视时表现出的独一无二，更是其在国际范围的交流互动中不失"自我"的根本。当我们这么理解跨国性时，便能看见地方性之于跨国性的重要意义。

7.6　小　　结

本章追溯了杜伦及其城堡和大教堂的历史，讨论了其历史发展的重要因素，以及历史和其重要因素所生成的地方性是如何在世界文化遗产的头衔背后与跨国性进行关联和互动的。通过这些探索和讨论，可以看出：首先，杜伦的地方性背后的基督教和历史上所拥有过的世俗权力本身就是跨国的，理解到了这一点就推翻了跨国性与地方性间所谓的不可兼容；其次，城堡和大教堂具有兼容两种特性的要素，即被呈现着的多样性、被保留的历史和地方传说、坚实的地方精神与信仰所塑造的认同感，以及地方在世界文化遗产中的主导地位；最后，强大的地方性和对于跨国性的新理解让我们看见了用地方性去建构跨国性的可能。城堡和大教堂的启示在于，通过挖掘地方历史文化的脉络，把握地方精神的核心，保持世界文化遗产的地方活力，能够使世界文化遗产不在国际世界里迷失"自我"，从而走向更丰富多彩的跨国性。世界遗产不一定要在跨国的语境中通过分类和列入名单的标准框架去建立，而是要推进多样丰富的文化互动，通过地方去建构全球，通过历史去建构未来。

第8章 混合型跨国空间生产机制

8.1 先行一步的中国广州环市东商务区

环市东[①]是中国广州中心商务区的重要组成部分，经过长期发展，呈现出跨国景观特征。跨国资本和跨国文化要素成为环市东空间生产的主体性动力，重塑了其在城市空间的地位和功能。

环市东案例地位于环市东路两侧区域，西至麓湖路、建设六马路；东南至先烈南路、东风中路一段；东北至淘金路、光明路和原道路一段。该区域与广州黑人聚居区小北路、中华人民共和国成立初期为安置归国投资的华侨而建立的广州最早的别墅区之一华侨新村一带邻近。改革开放后，由于地处自古商业、文化、教育发达的广州市东山区[②]，加上邻近广州火车站和白云机场，批发贸易业十分繁荣，后迅速发展成为总部企业云集、商业气氛浓厚、功能比较齐全、交通方便的高级国际商务区和越秀区的"总部经济"所在地。此区为广州市的重要交通节点、商务办公中心和外国人城市生活的重要区域，以高级宾馆(酒店)、大型综合商场、展销大楼为主体，周围集聚中小型商店群，主要为外国游客、海外华侨、港澳台同胞服务。截至 2019 年，环市东聚集了 555 家生产性服务业企业、42 家外企驻穗机构、6 家创意机构、13 家星级酒店、23 栋高级写字楼、88 家跨国文化生活场所、15 家中外银行机构、13 家驻穗领事馆等商务政务机构。

环市东因高星级宾馆、跨国主题的餐饮场所、跨国公司、甲级写字楼和生产性服务业企业等经济、社会、文化要素的集聚而成为广州名副其实的全球化空间(阎小培 等，2002)。吸引了大批跨国人士在附近区域寻找"居身之所"，进而带来跨国人士居住空间、工作空间与地方文化的互动(蔡晓梅和朱竑，2012)。生产性服务业和跨国主题的餐饮场所在环市东的耦合集聚分布，促使环市东作为城市中心商务区发生内部空间重构。这些看似琐碎日常的生活场所，其实质蕴涵着深刻的含义：广州作为发展中的世界城市，内部空间发生着细微

---

① 环市东是广州市中心商务区的组成部分，与天河北区域内的跨国要素存在着迁移的关系，随着天河北的发展，原环市东中心商务区的业务也逐步东移至天河北，特别是生产性服务业企业和部分使领馆的迁移非常明显。
② 2005 年，广州行政区划调整后，东山区并入越秀区。

而又本质的变化。历史时期，茶楼是广州市民社会文化的"符号"，然而现在正在走向多元，咖啡馆、西式快餐、跨国主题的餐厅和健身场馆成为新的市民社会变化"符号"。这些场所成为商务洽谈、社会交往、中西文化融合的新"地点"，而这些要素又是受全球化影响的跨国要素。跨国空间兴起已然成为广州城市空间演变中的一个十分显性的特征，生产空间、消费空间、居住空间等都渗透进了跨国要素。

8.2　地景变迁与功能叠加

8.2.1　西式建筑的扩散

19 世纪末 20 世纪初，东山地区华侨投资兴起(薛德升 等，2014)。在华侨归国投资的影响下，作为广州老城外缘的环市东区域零星出现了西式建筑景观。20 世纪初，西方建筑文化被引入，以东山区为核心的邻近区域，成为跨国文化的集中区。由于当时环市东区的位置偏僻，只是存在零散的欧式洋房。但是这种反映"文化认同"的华侨投资"反哺"行为的跨国文化表达触发了环市东华侨空间的形成。

历史上，外国传教士以及侨商建起教会、学校、医院等设施，环市东在当时并不成规模，这些设施主要分布于现在的东山口地区，那时的环市东地区也受到一定的影响。

——实地访谈

8.2.2　工人新村的建设

建设新村是中华人民共和国成立以来广州建成的首个工人新村(工人住宅区)，占地近 15 万 m^2。1951 年，出于解决工人住房难的考虑，在广州市政府运作下，成立了专门筹建工人住房的专业机构——广州市工人福利事业建设委员会，以推动工人住房的规划和建设。该项目由建设行政主管部门具体负责，在现环市东的西南地区征用荒丘和菜地进行建设，并于 1953 年建成了 60 幢平房和 4 幢二层楼房，为 4700 多名工人及其家属提供了居身之所。当时新村里有戏院、肉菜市场、粮油店、运动场、医疗站、托儿所，居住设施相当完善，后被认为是广州城市规划建设的起点。工人新村的建设是特定时代的特定居住空间形式，成为那个时代的"品质"住宅，也是政府介入空间生产最早的一种形式。然而经过市场化、全球化的洗礼，建设新村的空间环境与后来的环市东中央商务区格格不入。经过整治和美化后，依然表现出巨大的差异性，说明空间的转型与叠合从来都不是一个简单的过程，它涉及很多层面，包括社会关系的重塑、日常生活的重构等。尽管建设新村是环市东的一个组成部分，而非全部，但是就是这样一个组成部分，留下了空间演变的历史痕迹，始终影响着日后的空间生产。

20 世纪 80 年代后，建设新村因长时间缺乏有效的物业管理，房屋年久失修，排污渠严重堵塞，污水横流，加之，外来人口增多，建设新村已经与周边的商务区格格不入。

——实地访谈

肉菜市场像是迁移过来的，好像不属于这里。因为政府出于城市美观的考虑，将肉菜市场移到室内，从这个小门里进入，你就可以看到里面其实就像个露天的菜市场。

——实地访谈

那个时候，建设新村算是环市东比较早盖起来的住宅楼，规整，干净。但是随着商品经济的发展，住宅年久失修，又缺失物业管理，这里一度成为占道经营、交通堵塞、治安混乱的地带。

——实地访谈

当时整治的一个重点就是粉刷楼房外的立面，尤其是那些已经破旧的房子，还有就是那些老旧的防盗网、空调架和广告牌等。

——实地访谈

8.2.3 城市对外接待与购物中心

1970～1980 年，环市东成为广州接待外宾和开展以商务洽谈为主的涉外业务的集中地。1976 年，广东省第一座接待外宾的高星级酒店白云宾馆落成开业，出于为外宾提供配套服务的需求，广州市政府决定在白云宾馆旁边建设广州友谊商店总店。广州友谊商店成立之初的接待对象是外国人和外籍华人，后逐步开放到华侨和港澳台同胞，1984 年才向境内居民开放。环市东地区因此成为当时广州最高端的可接待外宾购物的商业空间。之后有"白金"五星级酒店荣誉的广州花园酒店于 1985 年落成。当时，白金五星级酒店全国仅三家，而花园酒店是首家由国人自主经营的白金五星级酒店。由香港司徒惠建筑事务所设计，广州岭南置业有限公司与香港花园酒店有限公司合资兴建，香港半岛集团负责管理。花园酒店的建成给环市东地区带来了极高的全球关注度，后续还进行了详细的广场设计(陈军，1999)。此后，日本领事馆、美国领事馆及广东国际信托投资公司等许多涉外办事机构、跨国组织和公司先后入驻酒店办公和开展相关业务。由于友谊商店、花园酒店、白云宾馆的建成运营，城市对外接待功能在环市东不断集聚。一方面，吸引了不同跨国主题的餐厅在酒店内部的设立，同时也吸引着改革开放初期在广州"淘金"的国内外商务人士，成为身份的象征和体验的空间。另一方面，在改革开放先行城市的定位下，政府直接推动并参与进来，使环市东地区成为名副其实的涉外接待空间和跨国购物空间(表 8-1)。

表 8-1　环市东主要宾馆的建设历程

宾馆酒店名录	建成年份	星级	经营方式
花园酒店	1985	5	合资
白云宾馆	1976	5	合资
广州远洋宾馆	1986	4	合资
国泰宾馆	1993	3	国营
华泰宾馆	1952	3	国营
文化假日酒店	1990	4	合资
华粤酒店	1985	2	私营
新粤新酒店	1984	2	国营
柏高·颂酒店	2006	4	私营
广泰宾馆	2010	—	私营
广州颐和商务酒店	2002	3	私营
嘉美宾馆	2009	—	私营
广东国际大酒店*	1992	5	私营

注：2007 年中航国际收购广东国际大厦，2011 年更名为广州中心皇冠假日酒店。

　　广州友谊商店(最早的英文简称 Kwangchow Friendship Store)，创建于 1959 年，最早位于南方大厦，曾是广州最大的一家为外宾、海外华侨、港澳台同胞及其亲友提供旅游、购物的综合性商店。1978 年，广州友谊商店搬迁至白云宾馆附近。商店成立之初，必须用外币兑换代用券，使用兑换券购物，商店内的商品多为当时市面上买不到的东西，如高档的进口商品。每年接待国内外宾客 1000 多万人次，先后接待过 100 多位外国首脑。1984 年 4 月，广州开设国内第一家超级自选商场，同年在全国同类商店中率先对境内居民开放。

——根据专家访谈和报道文字整理

最初是适应交易会的需要，中央决定在广州兴建白云宾馆，投资 2000 万元，1976 年初基本完工，成为当时的"第一高楼"，引来了北京、上海一大批建筑界人士前来参观。

——实地访谈

广州远洋宾馆、广州国泰宾馆、广州华泰宾馆、广州颐和商务酒店等都在此区域陆续建成，彻底拔高了我们的知名度。

——实地访谈

8.2.4　广交会附生的商业

环市东地区位于广交会流花展馆附近，饭店业、旅游产业与会展企业因流花展馆不断在此区域集聚，住宿服务业得以充分发展，同时带动了旅游服务业的集聚。高星级宾馆、酒店以及面向中小型会展企业的参展商户的中小型私营家庭宾馆服务业的兴起和发展是改革开放政策在广州先行一步的具体体现。以个体经营者为主体的餐饮企业和旅游企业不断地在环市东集聚，这一轮的资本运作表现为民间资本、散户资本的直接参与，进一步强化了其作为广州乃至全国对外开放的前沿阵地的"符号"功能，成为制度活力释放的受惠地区。

广交会期间，旅游服务企业的客商经常无法找到理想的饭店，不是偏贵就是不合口味，存在着极大的供求矛盾，基于此，当地个体经营者就找到了致富的商机。

——实地访谈

1990 年，广州会展企业的 42.78%分布在流花展馆周围 3km 范围内。

——实地访谈

8.2.5　国际商务中心

20 世纪 90 年代末，国家区域中心城市的发展战略为广州带来了新一轮的城市空间职能调整。至 2002 年，环市东中央商务区营业额在亿元以上的商贸企业有 40 多家。其中，广东国际大厦、广州世界贸易中心大厦、广州国际电子大厦等超甲级写字楼成为环市东总部经济的"实体空间"，各大厦内汇聚来自各国的商务人群，重点客户群体包括外交机构、银行、留学机构、媒体公司、航空公司、商会、世界 500 强公司和大型国有企业等。在这次转型中，环市东的"总部经济"规划再次为本区空间职能的演变提供了持续的发展动力。淘金路进驻了花旗银行、

东亚银行、兴业银行、民生银行等 15 家中外银行，42 家外企驻穗机构，另有 6
家大型创意机构。合资银行和外资银行的进驻预示着跨国资本的流动，形塑了淘
金金融服务街的金融服务功能和地位，使环市东跻身跨国资本流动的节点和专业
职员的工作地。13 家驻广州总领事馆分布于此地，占各国驻广州总领事馆总量的
近 20%。其中，德国驻广州领事馆、荷兰驻广州领事馆搬迁至粤海天河城大厦，
最早在此设领事馆的国家是日本，之后是法国、菲律宾、斯里兰卡和老挝等。总
领事馆作为一种特殊的办公机构，其选址是对区域商务功能档次的一种认同。各
国驻广州总领事馆分别在花园酒店、广东国际大厦、世贸中心等超甲级写字楼驻
扎，为外国人的跨国生活和跨国事务提供了平台，也增加了大量外国人在环市东
的购物、闲暇行为。此外，各国领事馆在环市东的集中带动着各国跨国公司总部
的进驻。领事馆的集聚分布，直接反映了环市东商务区已经具备了跨国以及国际
化的办公功能。

　　由于邻近领事馆，办理签证业务时就不用花太多时间。此外，领事馆能让我
想起家乡的料理。

——实地访谈

　　我在这里教中国人学习英语，他们有的学得很快，环市东是我在广州非常熟
悉的一个地方。

——实地访谈

　　截至实地调查期间，环市东分布有 23 座高级写字楼，楼内分布有 555 家生产
性服务业企业，涵盖 23 个行业类，贸易经纪代理服务、其他生产性商务服务和生
产性专业技术服务居前 3 位，占据总量的 62%(图 8-1)。从公司地位的角度，可
以划分为总公司、分公司、平行公司和公司某部门 4 类，其中总公司最多为 277
家，占据 50%，分公司有 187 家，占 34%(图 8-2)。外资和港澳台资公司有 168
家，占 30%，合资公司有 9 家，其余企业皆为中资公司。

　　环市东生产性服务业企业有 72 家企业的总部位于海外，集中分布在西
欧、美国、中东、日韩、东南亚、东非、南非等地区，分布相对广泛，数量
均衡。有 37 家总部位于中国香港、2 家位于中国台湾。在内地(大陆)城市中，
除广州外，北京、上海、深圳的企业总部数量最多，说明环市东区域生产性
服务业企业的跨国特征非常明显，已经与世界上主要国家和城市发生着业务
联系，经济全球化水平较高。

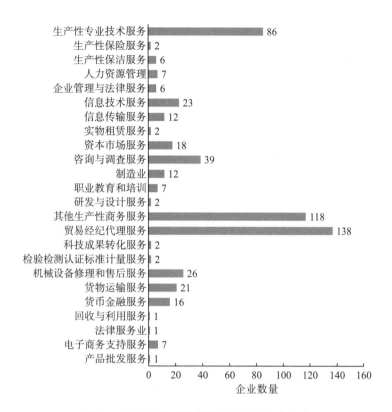

图 8-1　环市东生产性服务业企业的行业分布

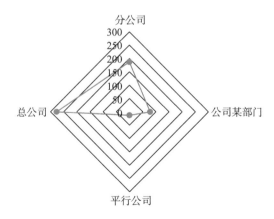

图 8-2　环市东生产性服务业的公司地位分布

广东国际大厦成为第二个继白云宾馆之后的高楼。

——实地访谈

　　我们最早是受委派来到这里，为一些大的跨国公司提供法律服务，因为在中国做生意的欧洲公司对中国法律等情况并不是很熟悉，自己做成本又太高，故由我们的代表处来做。

——实地访谈

　　每天在大楼内执勤，可以看到很多金发碧眼的外国人，经常会多看几眼。

——实地访谈

　　"摩天景观"的符号与"总部经济"的职能进一步彰显了环市东的跨国资本与智力服务资源。银行、金融、管理服务、广告、传媒、律师事务所、中介机构、高档零售、星级酒店、餐饮等服务企业在高级写字楼集中分布，成为广州与其他国内外城市联系的"节点空间"和先锋地带。

8.2.6　跨文化生活场所

　　2000 年以后，大量跨国主题的餐厅和休闲场所纷纷在环市东地区的建设六马路一带集聚，意大利风味餐厅、日本料理、韩国料理、拉丁餐厅、巴西餐厅、蒙地卡罗西餐厅等异国风情的时尚餐饮场所和墨西哥酒吧、俱乐部、康体生活馆等休闲场所带动着环市东的跨国关注点从经济实体要素转向生活场所的精神跨国要素。

　　广州第一家麦当劳于 1993 年在广东国际大厦开业，开业当日的交易人次创造了麦当劳全球最高销售额纪录，可见跨国要素的进入对当地经济和居民社会生活的变化意义重大。广州第一家星巴克在好世界广场开业，广州第一家跨国主题(泰国菜)的餐厅"蕉叶"在世贸中心诞生。此后，有 88 家跨国主题的餐厅和生活场所陆续营业，它们与高级商务写字楼、大型商场等高档消费空间一起丰富了环市东作为广州市中央商务区的功能。自此，以跨国文化场所为特色的跨国空间与寻找本土认同感的地方空间在环市东并行不悖地融合发展。

　　墨西哥餐厅在广州并不多，我是一个喜欢尝试各国美食的人，既然不能到外国去品尝美食，来这里体验一下墨西哥的味道，我也感到很满足。

——实地访谈

　　下班后，有时候我会来这里跟朋友喝酒、聊天，多认识些我们自己国家的人，我在广州的第一个日本朋友就是在这里结识的。

——实地访谈

　　现在在外国人服务站登记的大约 3000 人，主要是做生意，其中有些外国人和中国人一起开餐馆，他们生意很好的，还有自己单独经营的。

——实地访谈

　　我在韩亚航空工作得非常舒心，广州有很多的韩国人，在这里工作，跟我学会说韩语有很大关系，我来自吉林，已经把广州作为自己的家了。

——实地访谈

我来这里主要是买化妆品和衣服，这里有欧洲设计师的设计品牌，我很喜欢。另外，我经常用的化妆品都可以在这里买，办了会员卡还有优惠。

——实地访谈

环市东成为跨国文化消费的"符号"空间和认同的"属地"中介。在实地考察中，本书项目组发现跨国主题的餐厅和酒吧成为韩国人、日本人等外籍人士的社会交往空间。

我常和朋友一起来，有时候就在咖啡馆，有时候在公寓西餐厅，在这里我认识了一些人，他们当中有一些是来自英国的生意人。

——实地访谈

本地居民和游客对这些生活场所青睐有加，这里成为他们体验"跨国文化生活"的场所。与此同时，当地居民还有另一种复杂的情感表达，即不断追寻"广州记忆"，并通过怀旧主题的餐厅和茶馆找到"情感认同"，表现出全球在地化的"内心挣扎"。

我开这个餐厅是为了让喜欢老广州的人在东山有个相聚的地方，这个餐厅原来就是我的家，现在我全部做成了饭店，来的人也挺多。

——实地访谈

8.3　国内外多样化动力的互动

环市东跨国空间的形成是一种增长网络作用下的经济、生活、权力、制度的再生产过程，是由多种行为体混合作用产生的跨国空间，与广州的城市发展历史、国家政策、城市规划与体制转型有密切的相关性。在国家政策和地方政府直接参与下，环市东的跨国实体要素不断集聚。第一个五年计划时期(1953～1957年)，环市路贯通。1970年，环市路再次被改建。20世纪70年代后期，开始开发建设环市东路(西段)。1976年新建33层的白云宾馆，创当时全国高层建筑之冠。1978年，友谊商店在白云宾馆东侧建成，一个新的旅游购物中心开始形成。政府为推进改革开放，吸引外资发展经济，给予政策支持，直接指定在环市东建设五星级酒店的指令触发了城市接待空间的形成，这些标志性跨国实体要素的介入是在政府的派出机构的运作下逐步实现的。

实质上，混合型跨国空间是广州城市建成环境拓展的一种方式。这种方式具有明显的内生动力和外生动力双重驱动的特征。这种内外生双重动力既包括经济动力，也包括政治动力和社会文化动力。当然，不同动力的产生在时序上是有差别的，在某一阶段存在着主导动力，或者主导动力具有接续性特征。特别是来自自下而上的社会文化动力成为环市东混合型跨国空间形成的重要影响因素，且区别于其他类型的跨国空间（图 8-3）。

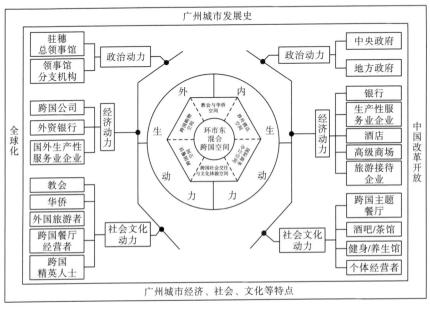

图 8-3　环市东混合型跨国空间的相互作用模式

城市规划推动了跨国功能要素的进驻，强化了环市东总部经济集聚区的功能。20 世纪 80 年代初期，广州市规划行政主管部门开始编制环市路建设规划。在此基础上，广州珠江外资建设总公司(珠江外资实业公司)于 1985 年重新编制环市东路规划，该规划将环市东路西段建设成为旅游、办公、购物、居住、文化、娱乐的综合性街区，后续规划学者对环市东路的城市广场进行了设计和论证(袁奇峰 等，2000)。随着外向型经济的发展，城市体量的不断增大，广州编制了 17 次城市总体规划。为扩大城市竞争力和国际影响力，广州市力推环市东"总部经济"的建设，先后通过学习国外经验、规划、设计、土地置换、吸引生产性服务业企业等多项措施推动了环市东跨国功能要素的进驻，进一步巩固了环市东的 CBD 智力总部区的功能。

此外，在中央和地方政府多项政策的推动下，环市东地区以个体户为主体的民营经济企业和小微企业开始发挥作用，当地居民通过为外国人提供住房设施以增加收入。利用国家对外开放政策和广州先行一步的优势，成为全省乃至全国最早的一批个体经营者。在这种混合制度模式下，环市东的自上而下、自下而上和内外结合的全球化发展模式日益显现。从环市东"教会与华侨空间-涉外接待空间-商务办公空间-跨国日常生活空间"的空间重塑与叠加过程中可以看出，行为体日益多元，不断融入跨国因素。从传教士、华侨到涉外宾馆，再到个体经营者、旅游企业，后来在此基础上又增加了银行、领事馆、生产性服务业企业，最后杂糅进了外国人、不同族裔群体和跨国文化生活场所(图 8-4)，形成了国家与地方的互动。以教会为代表的外来动力为历史时期的作用并没有延续下来，而政府动力、本地动力、经济动力不断堆叠组合，最终催生了世界城市内部具有混合特质的跨国空间(表 8-2)。

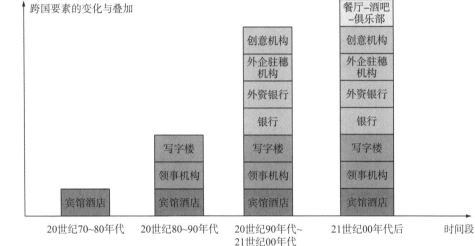

图 8-4　20 世纪 70 年代以来环市东跨国要素的变化与叠加

表 8-2　环市东跨国空间演进的要素与动力

重要时间段	跨国实体要素	行为体	动力类型	跨国意义
20 世纪初~20 世纪 30 年代	教会设施 欧式洋房	传教士 华侨	外来动力	身份的"符号"通过欧式建筑的跨国文化表达出来
20 世纪 70~80 年代	高星级宾馆、酒店	中央和地方政府 城市开发公司	政府动力	开放的决心通过经济决策行为表现出来
20 世纪 80~90 年代	饭店业 旅游会展业	个体经营者 旅游企业	本地动力	民众的诉求通过迎合经济利益溢出和抵抗日常生活表现出来
20 世纪 90 年代~21 世纪 00 年代	高级商务写字楼	银行 领事馆 生产性服务业企业	经济动力	世界城市的"雄心"通过跨国资本流动、跨国机构进驻、跨国企业集聚等"世界城市的标准范式"表现出来
21 世纪 00 年代后	跨国餐厅 跨国文化休闲场所	外国人 不同族裔群体	外来动力	宏大叙事和日常生活杂糅，跨国空间成为看得见的"地景"和看不见的"认同"

8.4　国家与社会互动的渐进式演替模式

8.4.1　多元化资本的助推

民国时期的教会与侨商,在东山地区置地建房之后零星地延伸到环市东地区,成为环市东地区跨国要素改造空间的开端,而后引发了一系列的连锁反应。在此过程中, 环市东地区实现了由广州城外的郊野地带向城市中心区的转型。起初, 中央政府为满足广交会的需要,促进广州外向型经济的发展,决定出资2000 万元建设一座高星级宾馆。为解决广交会期间的外宾接待问题, 由香港司徒惠建筑事务所设计,并由广州城建的"国家队"——广州市第一建筑工程有限公司负责建设, 于 1976 年建成了白云宾馆,成为当时国内的"第一高楼"。港资、侨资以技术、地产通过规划设计的形式构想和构建出了一个全球化特征的空间。白云宾馆、花园酒店、文化假日酒店等高星级宾馆也是通过合资、合作的形式建成的。可以说, 外资、港资等创意机构的参与直接推动了环市东跨国景观的"视觉化"和"壮观化",这也引发了当地居民通过复制、仿制的形式参与进来。借着改革开放、搞活经济的政策背景,将自己的房屋改造成小宾馆,供广交会期间的客商租住,有的居民则是利用这一契机,开设了小型饭店,这些"小老板"就成了改革开放之初最早的个体经营者。与中央政府投资的五星级宾馆的国家资本不同, 这些个体经营者具有规模小、示范性强的特点,带动了环市东普通饭店业和私人服务业的发展。此外,附着在广交会的参展旅游企业在环市东的不断集聚,一方面说明国家管制理念的改变;另一方面说明在特定时代鼓励混合所有制经济的存在, 激发了普通民众的创业热情。使得环市东不仅有像花园酒店、广东国际大厦这样国家资本、跨国资本参与的"全球化景观"的存在,而且也有个体经营者和小微企业,他们为改善个体生活而出现的创业行为促进了中小企业的不断集聚与发展,这种现象与欧美世界城市的空间发展特征是有差异的。然而, 与欧美世界城市空间生产相同的因素同样存在, 环市东23座高级写字楼及写字楼内吸引的跨国资本、跨国企业以及生产性服务业企业正是世界城市跨国空间的一般特征,且广州的城市建设推进了这一趋势。

8.4.2　政策和规划的配合

建设新村是环市东最早成规模的社区空间形态，这一具有时代印迹的普通工人住宅区得到了政府的大力支持，政府出面在环市东的西南部区域划出一块用来专门解决建筑工人及其家属的居住问题，这一举措是计划经济时代的指令动力的代表。然而，随着市场经济、商品社会的迅速到来，建设新村从"干净、整洁"的工人新村转变为衰败的工人社区，工人为生计打算，利用建设新村处于城市中心的位置，开始从事小商品的批发贸易，水果、蔬菜零售批发以及各种以个体经营者形式经营的摊贩和铺位生意，使得建设新村治安混乱、占道经营、污水横流，为"脏乱差"的代表，与环市东中心商务区的功能定位格格不入。此时，政府再次出手干预，以美化、整治环境为目标，将建设新村露天的菜市场搬进商场内部，并对年久失修的宿舍楼进行了景观美化。

中央政府以出资和政策鼓励的形式，向众人展示改革开放的决心和利用外资发展经济的发展战略，主动敞开大门，迎接一个新时代的到来。广州由于地处改革开放的前沿位置，中央政府有意将广州作为"范例"向全国推广。加之，为了迎合国内外客商在广交会①洽谈业务的需要，中央政府首先推动了白云宾馆的建设，继而吸引了花园酒店、远洋宾馆等合资形式宾馆的建设，后触发了当地居民的参与，他们以"小饭店、小旅馆"的形式，充分享受到环市东商务空间发展的红利溢出。之后，为再次提升环市东中央商务区吸引外资、发展总部经济的能力，政府通过专项规划引导环市东的全球化发展，组织编制了《越秀区产业职能发展战略报告》《越秀区城市化发展规划》《环市东"总部经济"发展规划》《越秀区北部区域发展战略调研报告》等一系列规划，再次将环市东空间发展的方向重新定位。以城市更新、整治环境等具体方式，将小饭店、小旅馆这些改革开放初期的经济形式重构为由外国人参与合作的跨国主题的餐饮场所。或者这些小饭店、小旅馆以加盟的形式参与到地方化的快餐连锁店当中，从而升格为与"全球化都市空间"相符合的元素。可以说，政府的行动体现在对环境的整治和美化、对环市东定位与发展的规划当中。当地居民通过做小生意增加收入以改变自身居住的生活空间，而广交会的持续进行和外国人不断在环市东附近区域的聚集则是二者相互作用的纽带。计划经济时代工人群体的居住空间诉求通过政府的指令动力得以保障，随着市场经济的深入发展和跨国要素的介入，逐渐淡出历史舞台而成为被迫改造的对象。

---

① 广交会的会址先后设在中苏友好大厦、侨光路陈列馆、起义路陈列馆、流花路展馆、琶洲展馆 5 个地方，经历了多次搬迁，展馆的变迁和拓展，也见证了城市空间发展的方向。

8.4.3　主导社会群体的接续互动

民国时期到 20 世纪 50 年代，东南亚华侨、加拿大华侨陆续归国，另有大批侨商先期已在原东山地区置地建洋房，归国华侨和当地侨商成为主导环市东空间演变的社会群体。在解决自己住房的基础上，这些华侨融进了国外建筑形式和文化要素。1949 年后，工人阶级的社会地位得到空前重视，为解决建设工人的住房问题，在政府和建设局的直接参与下，建起工人新村，成为环市东的第一批住宅。工人新村以规整、统一、一体的规划布局安排了 4700 多名工人及其家属的住房，以平房和二层楼房居多。20 世纪 80 年代以后，个体经营者和小微企业的数量在环市东一带增长很快，各种类型的小商店、小饭店、小旅馆相继涌现，甚至出现了流动摊贩。有的小商店最初就是由这些流动摊贩发展而来，其中一些做得好的小饭店、小旅馆不断发展转型，建设为跨国主题的餐厅和休闲吧。由于环市东附近区域集聚的外国人越来越多，有的外国人则直接开设具有本国风味的餐厅，有的则与当地居民合资开设，这些跨国主题的餐厅在建设六马路集聚，成为当地居民体验"跨国文化生活"的场所。至此，归侨人士及侨商、工人、个体经营者、外国人都先后主导环市东的空间生产。社会关系的变化表现为主导人群的变迁，民国时期的侨商、计划经济时期的工人、市场经济时期的个体经营者、跨国企业和生产性服务业企业职员、外国人等多种社会构成在环市东地区出现，混合了各种社会关系，具有强烈的时代背景特征。

8.5　小　　结

在超过一个世纪的时间里，城市发展历史、(不同时期的)国家政策、国家经济和管理体制的转型、城市发展目标和城市规划等构成了环市东跨国空间不断演变的背景。在整个跨国空间演变过程中，广州在不同历史时期的城市特点，以及体制转型下全球化要素与地方要素相互作用和结合的方式，均体现了中国特色和广州城市地方的独特性，反映了中国世界城市跨国空间发展不同于欧美世界城市的特征。中央政府的行政权力直接参与进来触发了空间职能的外向转型，后续改革开放政策和制度变革的跟进，催生了个体经营者参与到跨国空间的"生产"。旅游企业成为跨国行为体是因为广交会这一重大城市节事活动，类似于广交会等城市大事件和世界城市的旗舰工程等因素推动的跨国空间同样在欧美世界城市中出现。银行、领事馆、生产性服务业企业的集聚也是世界城市共同特征的体现，国际性商务政务办公空间是世界城市跨国空间演进的一个重要阶段或组成部分。

　　总的来说,环市东跨国空间的演变平衡与优化了国内与国外、历史与现实、国家战略与地方弹性等因素,是一种由国家引导的外生跨国要素和内生地方要素共同驱动的渐进式全球化模式(图 8-5)。在上述多样化动力的共同作用下,环市东地区的城市景观、空间职能和社会关系发生了根本性的变化。

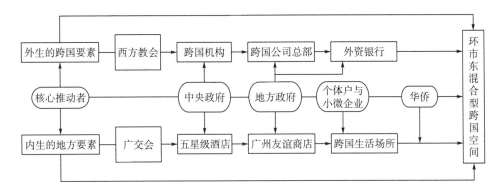

图 8-5　环市东跨国空间形成的外生—内生双向互动作用

第9章 拼贴型跨国空间生产机制

9.1 拼贴与空间生产

所谓"拼贴"(collage),其概念出自法国结构主义人类学家列维-施特劳斯的研究成果,即指一种操作活动,从技术层面上体现一系列实际的和可能的配置组成,而不是思维层面的原初性。"拼贴术"早在古罗马时期就已经出现,"拼贴术"在空间的生产中,特别是在城市景观中,将"现成"与"生成"统一为折中的再利用,"其特征是,它要建立起有结构的组合,但不是直接利用其他有结构的组合,而是通过使用事件的存余物和碎屑,亦即个人和社会的历史中所凝结的证明"。在一些情况下,拼贴并不是刻意规划好的,而是自然演变来的。在拼贴空间的形成过程中,存在各种不同的影响因素与作用力,加之它们出现的时间不一样,促成了其在景观与空间上的异质与离散。由于影响因素和作用力的千变万化,拼贴空间是极具地方特色的。

空间的生产是理解拼贴空间形成的一种思路。亨利·列斐伏尔指出,空间的生产是由空间中的物品生产过渡到整个空间的生产,空间变为了战略性的,并且在政策下充当着追求和实现多级目标的中介。在重视资本的社会中,政治与空间经济融合成了空间政治经济学。空间政治经济学的处理方式使整体的空间变得零散,连续的空间被分割。随着城市的发展,空间资本在大规模生产与开发中冲破了地缘性和场所特质的局限,更多地倾向利益再生和价值运作。作为该过程的结果,在景观方面,易于形成"异托邦",即在某一真实的场所中并置多个异质空间为情境、拼贴为方法的空间生产。

后结构主义也为拼贴空间的出现提供了解释。以其代表人物福柯为例,在他看来,所谓的现代理性其实是一种结构性的强制力,它使个体在社会制度、话语和实践中被塑造成社会主体。理性的神话用"求全求同"的虚妄来掩饰和压制多元性、差异性和增值性,而不可沟通性、差异性和离散性被福柯看作是对抗现代性的路径。同时,福柯认为事物背后的结构与规则并非普遍和永恒,它们会随时间和空间的变化而变化。这种思路投射在空间上,便是空间的多元性、差异性和离散性,也就是拼贴空间。

9.2　后结构主义的拼贴城市

建筑和城市历史学家柯林·罗(Colin Rowe)认为现代主义的理想城市是难以实现的。在对现代主义的批判之上，他提出了拼贴城市(collage city)理论，指出拼贴城市既是城市发展的技巧，也是一种思维方式。柯林·罗引用了"边角料空间"的概念①。在柯林·罗看来，拼贴城市的操作正是规划者以一种拼贴匠的角色，将城市中各种各样的"边角料空间"保留在城市中，形成各种异质空间相混合的拼贴景观。拼贴城市作为一种思维方式，柯林·罗解构了现代主义中作为整体理想的城市，强调一种多元论，即一种后现代的理念。拼贴城市不是一个有着同一目标、同一量尺的整体，而是多元的思想、理念投射在空间和景观上组合而成的城市。

柯林·罗呼唤的是一种多元共存的开放思想，映射在城市空间上便是以传统城市图底规则为基础，彰显自身的实体与以实体作为图底展现空间城市肌理的融合，这便修正了传统的城市图底规则。柯林·罗认为过去、现在和未来三者是平等的。城市与其所保护的实体之间的关系是一种"双向交流"。除此之外，福柯认为事物背后的结构与规则并非普遍和永恒，它们会随时间和空间的变化而变化。这种思路投射在空间上，便是空间的多元性、差异性和离散性，这为拼贴空间的形成提供了理论阐释。这种后结构主义②(post-structuralism)思想并没有统一的观点和主张，其共同的特征是批判结构主义和现代理性。本章将基于后结构主义多元论的视角，探究不同的跨国要素与本土因素是如何相遇、碰撞、相互作用，从而推动了拼贴空间的形成。

9.3　鹅岭区域的变迁

9.3.1　地块范围的界定

鹅岭区域位于重庆市渝中半岛西段，区域内的主要道路从北到南有：健康路、鹅岭正街、长江一路。该区域为东西走向的山地，由东向西抬高，最高处海拔 394m，最低处为长江一路。根据景观以及历史脉络等差异，研究区域自西向东主要由鹅岭公园、鹅岭峰、嘉陵新村、二厂文创公园(简称二厂)、荒地以及国际村社区组

---

① 这个概念在罗伯特·文丘里所著的《建筑的矛盾性和复杂性》一书中曾出现过，它最初是指在建筑中根据不同要求采取不同形状的房间交界处产生的剩余空间。
② 后结构主义是指跟随在结构主义觉醒之后出现的一套思想，它试图去了解这个无法挽回地被分割成数个体系的世界。

成。该区域具有独特的三维立体空间，同时也包括渝中区的最高点。这种竖向垂直空间为人们带去了独特的空间感知。"高""龙脉"等意象使鹅岭被赋予了更多的价值，并影响了该区域由下而上的空间职能。同时，地势的变化和高差成为组块之间的天然隔离。各组块间由道路、地势落差和植被分隔。除了组块与组块间的拼贴，研究区域内还存在点要素与组块的镶嵌式拼贴①。例如，鹅岭公园与飞阁，嘉陵新村与圆庐都构成了这样的拼贴关系。

9.3.2　鹅岭区域的职能变迁

在重庆开埠以前，研究区域均不在城市范围内，成渝古道从通远门到佛图关段经过该区域。虽然不在城市范围内，多为荒野，但也有一些居民点。明清时期，研究区域所处的通远门至佛图关一带是城区士庶的墓葬之地。开埠前该区域居民稀少，不是城市的一部分，在职能上是成渝东大路必经之地，但整体并无特殊职能。

清光绪十二年(1886 年)5 月 30 日，由于英美教会在中国重庆对外要道的鹅项颈、铜锣峡、丛树碑修建教堂，激起重庆民众抗议，群众捣毁了南岸和城内的天主教堂。次年，巴县知县国璋因为人们伸张正义而被解职。为纪念他，人们在原本修教堂的地方修建了遗爱祠。祠堂前的街道(如今的鹅岭正街)，也以遗爱祠为名。清光绪十七年(1891 年)，重庆开埠，整座城市向综合性经济中心转变，并逐渐向近代化城市迈进。到了 20 世纪 30 年代中期，城市有了较大的变化。开埠前，"除两路口、曾家岩、菜园坝、大溪沟原有房屋千数百家外，余在未修马路时皆累累荒坟"，开埠后"昔日殡宫，皆成沃壤"，为街市和新的居民点代替。开埠后，该区域逐渐被纳入城市范围，但职能仍不清晰，是城市扩大过程中被无规划利用的荒野。清宣统元年(1909 年)，富商李耀庭支持开工修建宜园，也就是如今的鹅岭公园，于宣统三年竣工。当时该区域以宜园为主，宜园是重庆最早的私家园林。

民国 16 年(1927 年)，市区开辟的总体规划大体确定。规划以马路建设为重点，以马路建设带动新开辟街道的片区建设。民国 18 年(1929 年)8 月，市政府令城内商家迁往新开辟的片区营业。到了 20 世纪 30 年代中期，繁华市区迅速扩展至鹅岭所属的两路口区域。此时该区域的职能依旧不明晰。1938 年 2 月 18 日到 1943 年 8 月 23 日，日军对重庆进行轰炸，当时鹅岭以西(佛图关)的山坡上分布了 12 座白骨塔，鹅岭也修筑了很多防空洞。如今鹅岭往大坪沿路的防空洞都成了店面。从 1938 年 10 月丹麦公使馆建成开始，各国的大使馆、公使馆等迁入该区域，直至 1946 年 5 月美国大使馆搬离，鹅岭在此阶段成为

---

① 这里的点要素指的是一种没有占据很大面积的场所空间。

重庆的外交重地。虽然当时也存在其他要素，但鹅岭区域的国际化要素仍为主导。当时的鹅岭及周边区域被称为国际村，可见其国际交往的重要职能。抗战时期，一些重要工厂也分布在鹅岭，如后来是重庆印制二厂的中央银行印钞厂，专印税票、钞券、邮票等有价证券。与此同时，国民政府军事参议院和交通银行李子坝支行也曾在此设立，现为李子坝抗战遗址公园的区域曾经承担过军事与金融的职能。由此可见，从民国时期开始，研究区域内便在职能上出现了不同形式的分化。

民国 31 年（1942 年），研究区域被划归于重庆市的第七区。第七区被规划为商业、手工业、住宅混合区。第七区在 1950 年又被归并于第一区。1959 年之后第一区改名为市中区，也就是今天的渝中区。1953 年，在《重庆市城市建设轮廓初步意见》中，研究区域所属的中心区，即旧城区，被规划成住宅性混合区，主要供居住之用，除了交通用地外，应为行政机关、仓库之类。

9.3.3　鹅岭区域的拼贴结构

1. 鹅岭公园与高档社区

鹅岭公园是以绿化为主的城市型自然与文化公共空间，背倚山城，地处长江、嘉陵江南北夹持而过的山岭上。鹅岭公园占地面积为 66254m^2，园内有名贵的观赏植物 83 科 159 属 218 种，共 8 万余株。其中，古木名树 42 株；市级文保单位 2 处。鹅岭公园不仅是居民休憩、锻炼、唱歌、集会、下棋休闲的地方，还是游客眺望重庆城市风景的旅游景点。此外，鹅岭公园是展示跨国文化的城市空间。其一，园内分布有飞阁、土耳其公使馆旧址、澳大利亚公使馆旧址等跨国机构；其二，日本庭院展和匈牙利画家的画展等具有跨国风情的艺术节活动常在园内举办。因此，鹅岭公园是一个具有跨国文化特征的城市公共空间。然而，就在这样一个公共职能突出的鹅岭公园附近分布着一个高档社区——鹅岭峰，该社区为著名建筑师摩西·萨夫迪（Moshe Safdie）设计，为新加坡城市发展集团和 B 地产开发的豪宅项目。

2. 国际村社区与残破的废墟地

国际村社区既是普通住宅生活区，也是有抗战历史文化的"特色老社区"。抗战时期的国际村范围远大于现今的国际村社区，甚至覆盖了整个研究区域。1937 年，国民政府迁至重庆后，众多大使馆迁设于此，故名国际村。健康路口已修缮好的美国大使馆旧址，中国重庆鹅岭公园内的澳大利亚、丹麦、土耳其公使馆旧址都属于过去的国际村。1946 年，国民政府还都南京，各跨国要素迁离国际村后，当初的国际村便逐渐销声匿迹（表 9-1）。国际村社区内留有属于国际村历史的石碉堡、英国海军俱乐部以及美国记者楼，后均被用作职工宿舍。景观上已经显示不出其跨国领事机构的职能。相反，由于城市地产开发和原城市外事职能的失去，如今这里是一片荒地，零散分布着一些被废弃的低矮建筑（图9-1）。

表9-1　各国使馆迁入和迁离的时间表

使馆名称	迁入时间	迁离时间
美国大使馆	1938 年 8 月	1946 年 5 月
丹麦公使馆	1938 年 10 月	1941 年 8 月
土耳其公使馆	1939 年 12 月	1946 年 5 月
澳大利亚公使馆	1940 年 7 月	1946 年 5 月

图 9-1　残破的废墟地（戈颂拍摄于 2021 年 1 月 1 日）

3. 名人堂与草根生活

曾是名人故居的飞阁如今被改造为咖啡馆，留有一些与飞阁历史相关的照片和物件供游客参观。除了飞阁外，研究区域内有名人故居和圆庐。圆庐是孙科公馆旧址，后来为重庆印制二厂的职工宿舍，现为重庆市文物保护单位、优秀的近现代建筑。现在的圆庐位于嘉陵新村内，是过去各厂的职工宿舍。飞阁和圆庐曾是显赫历史人物的名人堂，现今均被淹没在了市民的日常生活和居住空间内，不再是封闭的空间。

4. 网红打卡地与城市的记忆

二厂文创园是文化与消费融合的多元化的交流平台以及原创品牌孵化园。二厂最早是民国中央银行印钞厂。2014 年,重庆图比文化创意咨询有限公司投资近5000 万元对这一工业遗产进行保护性开发,引进了国际知名文创品牌。2016 年10 月,随着电影《从你的全世界路过》的热映,作为取景地之一的二厂成为网红打卡地。与二厂相距较近的是承载了城市记忆的嘉陵新村。由于鹅岭区域地势的变化和高差造成了各组块之间的天然隔离,为各组块的独立发展提供了条件。同样地,二厂与嘉陵新村间看似是相邻,但也被地势高差和道路阻隔开了。这为拼贴空间的形成和组块化的独立发展提供了条件。这也是鹅岭区域之所以呈现拼贴结构的地理原因。

9.4 历史事件下的拼贴景观

鹅岭区域的拼贴景观是不同时间内不同事件在空间上留下的痕迹的累积。整体看来,不同的作用力在不同的时间发挥了作用。而过去出现的某些作用力所留下的痕迹可能会变成有助于未来新出现的作用力发挥作用的资源。例如,二厂过去是工业化和资本注入的结果,但随着时间的推进,二厂变为了工业遗址,正是基于这样的社会文化作用力,在工业遗址的基础上形成了二厂文创园。在历史记载中,鹅岭区域第一个具有公众意义的场所是遗爱祠。在此之前该区域对人们来说只是途经之处和关隘,而正是遗爱祠的修建使该区域第一次从动态的空间变成了静态的场所,对于该空间的利用赋予了其意义,而意义是场所和地方出现的起点。这便是该区域由空间变为场所的出发点。对该区域来说尤为重要的事件是抗战,也就是重庆作为陪都的时期。在该时期,不同的作用力在该区域内进行着空间生产,这些不同的作用力为拼贴空间的出现奠定了基础。这段时期是该区域被大规模开发利用、空间形态上快速变化、人气上涨,地位变得重要的时期。而后随着抗战结束,国民政府迁回南京,原本赋予该区域特殊性和生活性的最主要的元素迁离该处。该区域依旧被人们居住着,并且遗留下的建筑物依旧保留着该区域的城市记忆,之后成为商业、手工业(印刷厂)和住宅混合的具有工业时代印记的城市区域。中华人民共和国成立以后,随着渝中区城市发展的演替,不同的组块受不同的影响在不同的时间进行着转变和发展,进一步强化了空间的拼贴。2000 年以后,各个组块先后均发生了变化,进而演变成了如今拼贴的空间(图 9-2)。

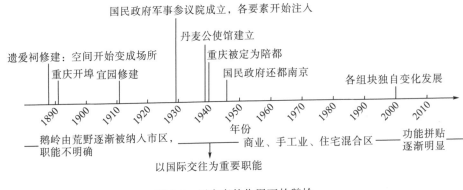

图 9-2　历史事件作用下的鹅岭

9.5　空间权力的跨国化渗透与地方性复归

9.5.1　以跨国文化要素为肇始的跨国化与地方化的第一次较量

鹅岭区域的跨国化是从教堂的建设开始的。清光绪十二年(1886 年)，英美教会在中国重庆的鹅项颈修建教堂①。然而，在修建教堂的过程中遭到了民众的强烈抗议。次年，为纪念维护鹅岭地方文化的知县国璋，人们在拆毁教堂的原址上修建了遗爱祠。遗爱祠是第一个具有公众意义的场所，是重庆民众自发基于维护和传承重庆地方文化而修建的公共场所。尽管鹅岭区域今日的发展已经多样化，遗爱祠也难觅当年的踪迹，但是这是第一次反对以教堂为先导的跨国文化要素的扩散②。斗转星移，在该区域日后的发展演变过程中，始终存在着外部的去地方性要素与地方化力量的抗争。

9.5.2　国际村的领事馆建筑记忆内化为地方历史

1937 年 11 月，国民政府发布《国民政府移驻重庆宣言》，重庆成为战时首都，以使领馆为代表的跨国要素集中进入鹅岭。从 1938 年 1 月开始，美国大使馆、丹麦公使馆、土耳其公使馆、澳大利亚公使馆相继在中国重庆鹅岭设立。除此之外，美国记者楼、英国海军俱乐部、罗斯福图书馆(现重庆市少年儿童图书馆)等

---

① 鹅岭，在佛图关下。如果把重庆古城看成一只鹅的头，那鹅岭就是这只鹅的项颈，所以古时又称之为鹅项颈。鹅项颈下，左嘉陵、右长江、悬崖百丈，是渝中半岛最窄的地方。
② 在欧美基督教会渗透进中国重庆鹅项颈之前，已经在重庆其他区域建有教堂。之所以引起强烈的民众抗议，一方面是因为鹅项颈的地理区位和地方精神；另一方面是因为英美教会强势傲慢的态度和行为。

具有跨国特征的非地方社会文化要素齐聚在鹅岭，与 1938 年前的景观形成强烈反差。一时间，鹅岭成为重庆全球化要素最为集中的地方之一。这种由于历史偶然带来的"瞬时全球化"急速地改变了鹅岭的空间属性，国际村由此而来。随着重庆战时首都历史的结束，原本赋予该区域的特殊性要素逐渐被迁移或失去其主导功能，但留下的建筑物保留着国际村的城市记忆。

然而，历史事件的影响及对鹅岭空间的塑造远不至此。1991 年，为纪念中国重庆市与日本广岛市结为友好城市，鹅岭公园内部建设了广岛园，同时也是中国重庆市和日本广岛市开展园林文化交流的成果。2010 年，俄罗斯大使馆资助维修了苏军烈士墓，以纪念反法西斯战争的胜利。可以说，鹅岭空间景观中的非本土要素主要都是跨国的，以跨国机构以及具有对外交流功能和纪念功能的设施为主。之所以在这一阶段吸引了众多的跨国要素，是因为历史事件使然。这是一种"瞬时全球化"的景观再现，其象征意义远大于功能意义。但是，这些跨国要素并没有削弱鹅岭的地方性，相反，却被地方化力量内化成了地方性的一部分。随着地方性力量的长期作用，地方化力量将陪都文化和抗战文化内化进了地方文化。也就是说，重大结构性历史事件的发生并没有改写鹅岭的地方性而使其成为一个由跨国要素主导的空间。

9.5.3　国内外知名企业联合推动地方化再生

由于鹅岭位于渝中半岛的至高点，加之历史时期的深厚文化积淀，该区域成为全球众多顶级地产开发集团的投资热点。最先做出战略决策的便是新加坡城市发展集团，该跨国财团在此区域开发的豪宅地产项目鹅岭峰，荣获新加坡绿色环保建筑领域的奖项 Green Mark 评级白金大奖。由著名建筑设计师摩西·萨夫迪担当总设计师，项目占地面积为 27197m²，总建筑面积为 35510m²，共 126 套，容积率为 1.31。这也是新加坡城市发展集团作为豪宅专家在中国的第 1 号作品[①]。然而，项目进入销售阶段后，标价 60000～70000 元/m²，而彼时的重庆房价均价为几千元。如此强烈的反差，致使鹅岭峰项目成为众多地产界专业人士和普通大众关注的焦点。后来新加坡城市发展集团在分析其销售业绩不理想的原因时指出，一方面是产品理念超前，定位未详细分析当地的市场环境和地方文化传统；另一方面房屋自身无法应对当地的潮湿气候以及户型不符合地方民俗传统和社区的垂直环境。作为撬开中国西部地产市场的鹅岭峰项目并没有达到预期效果。于是新加坡城市发展集团开始了与本土企业的联合，实施了本地化的融合发展战略。2017年底，B 地产入股鹅岭峰，对鹅岭峰项目进行了彻底的本土化改造，通过重新定价、重新开盘、分级分批进入地产市场的方式，鹅岭峰的销售颓势被逐步扭转了。

---

① 截至 2022 年的统计，新加坡城市发展集团的中国项目仅在上海、苏州、重庆 3 个城市布局。

如今的鹅岭峰有着"鹅岭峰能成为重庆顶尖圈层的生活标签，向重庆输出世界城市精英生活方式"的宣传语。从资本运作的逻辑来看，鹅岭峰项目通过房地产提高空间的交换价值，实现资本积累的次级循环。在这一过程中，地方被赋予了展示跨国文化、精英文化的职能。但是项目的成功是在与本土企业联合后，经过地方化改造实现的。

　　鹅岭跨国化的历程可以分为三个阶段，跨国化作用的直接目的是去地方化，企图在重庆城市的核心区域建立起由跨国要素主导的跨国空间。以教堂为代表的跨国文化要素是鹅岭区域的第一次去地方化。由于传教士、教会对地方文化的不尊重，引起民间力量的抵抗，并以地方化的形式消弭了跨国文化要素的影响，由此引发民众对地方空间权力的觉醒。以使领馆为代表的跨国政治要素是鹅岭区域的第二次去地方化。这一次源于特殊历史事件下的特殊安排，极具偶然性。随着战时首都城市功能的消失，鹅岭区域再次地方化。以跨国资本为代表的跨国经济要素在地方空间的实际运作中，并未进入良性的资本循环，在与本土企业合作之后，才得以继续存在并产生影响。鹅岭区域的地方化体现在文化、政治和经济层面，三次跨国化的作用都未使鹅岭区域去地方化(图9-3)。除此之外，源于民众自下而上的社区营造一直在重塑着鹅岭惯常化的生活空间。可以说这是一种"不为而为"的空间生产路径。换言之，鹅岭区域的空间权力始终没有脱离地方文化的控制。尽管出现过"瞬时全球化"的职能机构和跨国资本的空间再造，但都未能改变鹅岭的地方性特征。

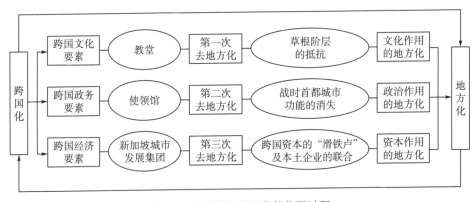

图9-3　跨国化与地方化的作用过程

9.6　小　　结

　　1978年以来，以外资企业为代表的跨国经济要素持续进入中国城市，改变了我国以本土力量和地方化要素为主导的城市发展模式。跨国要素与外来文化迅速在城市扩散，城市的景观和功能再不是单一的"本土"生长机制，而是杂糅着跨国要素的作用。与此同时，在中国城镇化快速发展的背景下，城市内部空间结构逐步分异，出现了不同族裔集聚区、跨国移民社会空间等跨国要素主导的城市社会文化空间。跨国要素与地方要素在此过程中相互影响、相互作用，共同塑造了城市的拼贴空间与景观，跨国化(transnationalization)与地方化(localization)的较量贯穿始终。地方化是指在一个地区或国家，任何一种经济或商品流动，必须适应地方需求，才有可能加速发展。去地方化是指外来的、标准化的要素破坏或取代了本地的、地方化的产品或意识，从而失去地方性的过程和结果。跨国化是去地方化的主要表现形式之一，从某种程度上说，吸引不同类型的跨国要素成为城市全球化的外在表现。一方面不可避免地带来了去地化，另一方面产生了对地方化的审视。

然而，重庆鹅岭区域在跨国化与去地方化作用下并没有出现全球主义(globalism)的景观，而是形成了外来要素与本土文化混杂的拼贴景观。拼贴可被理解为空间资本在大规模生产与开发中冲破了场所特质的局限，倾向于利益再生和价值运作。其结果是，在景观方面，易于形成在某一真实的场所中并置多个异质空间。具体到重庆鹅岭区域，在跨国要素主导的跨国化作用下，并没有出现全球主义主导的城市景观。

重庆鹅岭区域在跨国要素作用下并没有出现符号化的全球主义城市景观，而是形成了组块化的城市拼贴空间，主要原因有三点。第一，鹅岭区域的竖向社区基质环境是根本，导致该区域物质空间环境基底很难统一改变。相反，在城市建设过程中，竖向社区环境与经济发展、社会组织、城市文化等进行着持续的地方化互动。在某一外来作用力作用于鹅岭之后呈现组块化的空间形态，竖向地形成了空间重构的边界，阻挡了跨国要素的扩散。第二，鹅岭区域的地方精神得到了自下而上的延续和传承。以跨国化为主导的去地方化力量主要来自文化、政治和经济层面。由于停留时间短，各类跨国要素及其背后的陪都历史不但没有覆盖地方性，反而被内化为地方的一部分，并丰富了地方性。第三，鹅岭是一个具有深厚历史底蕴的地方空间，它具有多重属性和多样化的职能。在跨国要素去地方化力量的作用之下，既没有被全球化，也没有保持原有的地方化。跨国要素在与地方要素协商的过程中，不断积累新的文化属性，形成了一个具有极强包容性的城市公共空间。在跨国化与地方化交互作用下形成了组块化的拼贴空间，这种渐进式层累的空间转型方式塑造了跨国要素与地方文化相融合的城市公共空间。

鹅岭拼贴空间是平衡跨国要素与地方文化的空间结果。在拼贴空间的形成过程中，存在各种不同的跨国要素与作用力，加之它们出现的时间不一样，促成了其在景观与空间上的异质与离散(图 9-4)。由于影响因素和作用力具有阶段性特征，拼贴的维度是多向性的，既有景观拼贴、功能拼贴，也有意向拼贴、地方感拼贴。特别是在山地城市垂直自然环境基础上所形成的这种城市拼贴空间更具有认知城市、解构城市的人文价值。

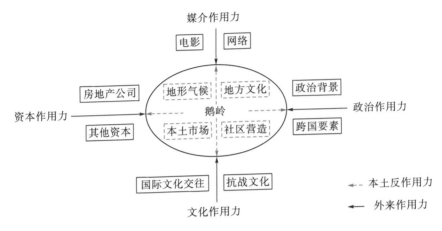

图 9-4　外来因素和本土因素的相互作用

　　本章解构了鹅岭区域以拼贴为方法的空间生产过程和空间结果。深入分析了鹅岭各组块跨国化与地方化的交互发展及相互关系。这对我国众多城市以及城市内部空间转型面临包容性品质社区的建设与治理具有重要的启示意义。

第10章　表征型跨国空间生产机制

10.1　原真性文化的网络扩散

近年来，M 网红短视频①在 YouTube(优兔)等全球社交平台上得到了"现象级"的关注和赞誉，引起了学术界的思考。本章以斯图亚特·霍尔的文化表征理论为依据，探究为何 M 网红短视频能在全球社交平台上掀起风潮，为何会引起全球广泛的好评，这样一种跨国现象本身是否说明了一种新类型的跨国空间。通过本章的分析和研究，希望能找到在当今全球文化冲击下如何保持乡野中国并传播中国传统文化的关键要素。当今世界文化格局下，短视频作为一种新兴的文化传播方式，其展现出的影响力和作用越来越被学术界所关注。其中，M 网红短视频作为典型代表，也受到了各方学者的关注。但目前的研究大多集中在短视频的传播规律、盈利模式等方面，缺少通过文化表征理论解读视频构建的全球空间想象的研究。

随着全球城市化和现代化进程的快速发展，网络技术和媒体信息得以在全球范围内发展，各种各样的信息通过网络充满我们的生活。世界不同国家和地区的传统文化得以在短时间内快速传播，其扩散的速度和范围远超网络社会之前，这给文化扩散带来了新的命题。本章基于文化表征理论来研究 M 网红短视频的跨国空间想象过程，能够为全球想象空间生产这一问题的研究提供新的视角。此外，通过对 M 网红短视频中表征要素的解读能够让人们更深刻地理解中国乡野文化和中国人的生活方式，分析其独有的符号要素和使用规则，全面展现全球跨国空间想象的特点和过程。

10.1.1　主题式视频共享服务的发展

随着互联网技术的发展，移动手机、5G 网络技术的普及和推广，视频共享与网络社交媒体在全球范围内呈爆炸式地发展，视频化的传播方式越来越普遍。各种社交平台和短视频似乎已经成为人们想象世界、了解世界的窗口。如 YouTube、

---

① 指 M 账号创作的一系列不同主题的视频，具有纪录片的特征，不是某一个短视频，而是按照主题划分的系列短视频。后文提到的该视频也是这个意思。

抖音、Bilibili (哔哩哔哩) 等中外视频网络平台与服务商展示的内容已包括生产、生活、文化、体验等各个领域，在世界范围内的传播影响力越来越大，同时在文化传播过程中扮演着越来越重要的角色。

10.1.2　网红短视频

2016 年，M 账号入驻 YouTube，截至 2022 年 5 月，该账号已获得 1630 万名粉丝，其中最热门的视频播放总量达到了 1.1 亿次。表 10-1 列举了 M 账号的部分视频在各社交媒体平台上的粉丝数量，受到了人民日报、新华网、央视新闻网等主流媒体的赞赏和关注，称其为讲好中国故事、传播中国形象的典范。本章将通过文化表征理论具体解读 M 网红短视频所构建的跨国空间想象，阐述为何 M 网红短视频能够获得广泛的关注和好评。作为万千自媒体账号中的一个，其传播的影响力有其自身的特殊性，尤其是与视频展示的主题相关，这些主题大多为中国传统文化的一部分或者具有农耕时代乡野中国的地方属性。通过该媒体账号传播，受到全球关注，其实质是地方空间跨国性的网络扩散。在这一扩散过程中，真实的地方要素演变为跨国受众的空间想象。表 10-2 列举了上传至 YouTube 的 M 账号部分网红短视频，从其播放量、评论量及主题等方面解析全球受众对跨国空间的想象建构。

表 10-1　M 账号在各平台的粉丝数量

平台	粉丝量/万人
微博	2692.6
Bilibili	781.5
小红书	308
抖音	5293
YouTube	1630

注：数据截至 2022 年 5 月。

表 10-2　YouTube 上 M 账号部分网红短视频的播放量与评论量

短视频名称	播放量/次	评论量/条	上传时间	主题
A special program on new year snacks 年货小零食特辑-花生瓜子糖葫芦，肉干果脯雪花酥	110 000 000	52 772	2019 年 1 月 31 日	季节(冬季)； 季节(饮食以节)
Liuzhou "Luosifen" 吃得满足，嗦得过瘾，辣得舒坦，就一碗柳州螺蛳粉	78 380 000	35 325	2019 年 8 月 11 日	季节(夏季)

续表

短视频名称	播放量/次	评论量/条	上传时间	主题
A pot of wine among watermelon fields.So...The life of watermelons and grapes?瓜间一壶酒，西瓜和葡萄的一生？	72 920 000	44 095	2020 年 9 月 14 日	季节(秋季)
Bamboo sofa 竹沙发为生活添一抹淡雅绿意，用砍下的竹子制些物件儿	63 080 000	58 386	2018 年 9 月 25 日	传统工艺；季节(秋季)
The purpose of cotton 棉花的一生	53 440 000	37 372	2020 年 1 月 20 日	传统工艺；东方非遗传承
The life of purple rice，pumpkins，and ... peanuts 紫米、南瓜的一生…，还有花生	51 630 000	36 015	2020 年 10 月 11 日	季节(秋季)
The life of cucumbers 黄瓜的一生	46 210 000	32 097	2020 年 7 月 20 日	季节(夏季)
The life of wheat! Which is your favorite food made from wheat 关于小麦的一生，你最爱吃哪种面食？	34 830 000	25 927	2020 年 5 月 19 日	季节(夏季)
Golden season，full of preasure of harvest and sweet corn 金黄的季节，载满了收获的喜悦和玉米的香甜	34 090 000	27 791	2019 年 9 月 6 日	季节(秋季)
I planted shiitake mushrooms in the mountain! 我把香菇种到山里啦！	31 080 000	16 980	2019 年 6 月 15 日	季节(夏季)
In the cold winter，eat ginger，can warm the whole day 正值寒冬，吃点生姜，就能暖和一整天！	19 010 000	15 545	2019 年 11 月 23 日	季节(冬季)
Chinese New Year's decorations，goods and snacks！明日除夕，挂灯笼、贴对联、备好年货过大年！	17 110 000	39 243	2021 年 2 月 10 日	季节(冬季)；季节(饮食以节)
Brush，ink，paper and ink stone—scholars four treasures 这是一张沉淀千年历史的文化名片，述尽中华风流——笔墨纸砚	15 560 000	17 914	2019 年 3 月 25 日	季节(春季)；东方非遗传承

注：表格中的中文为短视频的中文标题，英文为短视频的英文标题，皆为原始表达，对其中的用词不妥之处未做改动。

10.2　文化表征理论

在斯图尔特·霍尔看来，表征是通过语言产生意义。它有两个相关的意义，其一是指表征某物即描述或摹状它，通过描绘或想象而在头脑中想起，在我们头脑和感官中将此物的一个相似物品摆在我们面前；其二是指象征、代表、做什么的标本或替代。通过斯图尔特·霍尔的界定和描述，我们能初步理解表征和文化有何干系以及两者之间的关联是什么。

表征是在我们头脑中通过语言对各种概念的意义进行阐述，是各种概念和语言之间的联系，这种联系让我们不仅能指称真实的世界，还能想象构建虚拟的世界。斯图尔特·霍尔在《表征：文化表象与意指实践》一书中指明了视觉表征中表象与意义产生的关系："正是通过我们对事物的使用，我们对它们所说、所想和所感受的，即通过我们表征它们的方法，我们才给予它们意义。"在某种程度上，我们给予事物意义是凭借我们表征它们的方法：所用的有关它们的词语，所讲的有关它们的故事，所制造的有关它们的形象，所产生的与它们相关的情绪，对它们分类并使之概念化的方法，加于它们之上的各种价值。然而意义的选择、解读以及意义本身所蕴含的内核都因语境不同、问题不同具有多样性和复杂性，也就是我们当下常说的"差异性"。由此看来，表征首先给我们呈现的是"他者"的意义，不同的表征产生不同的"他者"意义，因此"他者"意义的产生就受到不同文化内涵的表征差异的影响。

10.3　跨国空间想象

大卫·哈维认为通过媒体形成的国际化空间在短视频中无处不在。在全球化时代，各种各样的社交媒体在短视频中展示的空间往往会超越其本身所表现的原生空间，形成全球想象。形成跨国空间想象和全球想象的前提是需要有跨地区、跨国界意义的空间建构，即构建出"想象的共同体"。

在这样一个全球化时代，要判断一个短视频是不是"中国的"变得越来越复杂和微妙，简单的地理分类和界定似乎已经不足以清楚地辨认了，取而代之的是短视频中的民族文化逻辑和民族文化基因，即一种根植在民族语言、历史和传统之中的气质和精神，是构建"想象的"跨国空间的根本和灵魂。具有优秀民族文化基因和逻辑的短视频，才能在全球化时代中得以辨认，才能超越其本身所表现的空间，形成全球想象。缺少民族文化基因和文化逻辑的短视频就像无根的大树，无法在全球文化空间中站稳脚跟。跨国空间想象，是一种想象的共同体，是全球化和本土化之间矛盾的统一体。

10.4　文化网络传播的提取过程

选取 M 账号在 YouTube 平台发表的视频作为研究对象，是因为其短视频在国际社交平台上表现出巨大的影响力，在全世界的观众看来，这些视频成功地表征出中国乡野生活和乡野文化，而这一切又与他们的理想生活契合，在视频中或者通过观看视频找到内心最安静、生活最诗意的"画境"世界。其突出的代表性和典型性在于视频中所表现出的中国传统文化和乡土文化的原真性，而这种原真性吸引了跨国的受众以及他们对中国乡野生活的想象。基于文化表征理论解读其视频中所表征出来的文化和空间想象。通过提取、分析、解读 M 网红短视频的观众评论来进行跨国空间想象的构建路径和生产模式。具体来说，本书选择该账号在 YouTube 上四大主题播放量最高的视频的前 400 条评论，对这些评论进行提取和分析，取样日期为 2022 年 12 月 12 日，剔除其中的中文样本、非英文样本①和表情样本后对其进行词频计量和文本分析。运用文化表征理论分析视频中的要素，根据其网红短视频中主要的表征要素进行分类，分为空间要素、传统炊具要素、服饰要素和行为要素四个方面。通过对视频表征要素的总结和分类进一步深入分析跨国空间想象的生产、展演和互动。

10.5　跨国空间想象的场景化生产

10.5.1　空间要素

基于斯图尔特·霍尔在《表征：文化表象与意指实践》一书中针对视觉表征中表象与意义产生的关系所做的阐述"正是通过我们对事物的使用，通过我们就它们所说、所想和所感受的，即通过我们表征它们的方法，我们才给予它们意义"，我们对 M 网红短视频进行了要素的提取，分析该网红短视频中各要素的选择和使用，所生产出的具有"他者"意义的跨国空间想象，即指外国观众作为"他者"建立的关于中国传统乡村空间的想象。这种想象是跨国的，是建立在表征要素创作再生产基础上的。外国观众通过解读这些要素，了解 M 网红短视频中构建出的中国乡野空间。这一过程即可称为跨国空间想象的生产，通过各种表征要素的选择和使用，初步表征出空间的想象。

在 M 网红短视频中，将大量中国传统乡村生活的空间要素融入其中，主要包括自然空间要素和人文空间要素。如表 10-3 对视频中使用的空间要素进行了总结，树木、麦田、星空等是自然空间的主要表征要素，菜园、厨房、客厅、院子等是人文空间的主要表征要素。这些要素的选择都具有代表性，所想要表达、呈现的是一个充满浪漫，远离现代城市喧嚣，带着"采菊东篱下，悠然见南山"意境的与现代主义截然相反的乡村生活世界。

---

① 视频的评论语所使用的非中文语言和非英文语言非常多样化，有德语、法语、韩语、日语、印地语等多种语言。在转译分析时，只有很少部分考虑了使用这些语言所评论的内容。

表 10-3　样本短视频中的空间要素

要素类型	表征符号
自然空间要素	栗子树、麦田、星空、柚子树、橘子树、楝树、樟树
人文空间要素	院子、凉亭、客厅、厨房、菜园

样本短视频中使用的自然空间要素常出现在转场使用的空镜中，如山林、走过的麦田间的小路、夜晚的天空等，这些比较大、比较宏观的要素，构建出了"家"以外的广阔田野空间。同时，这些要素的使用也很好地向观众传递了中国传统乡野生活的宁静和美好，而这一切又远离了现代主义的生活节奏，与中国"世外桃源"的乡村景观和"诗意地栖居"的生活愿景联系在了一起。视频中常使用的人文空间要素更显生活化，如最常出现的小院子，在院子里又有各种亭子、菜园、一些农作工具和一些家畜宠物等。作为乡村生活的主要场所，院子自然而然成为构建乡村空间的重要表征符号，且频繁出现，营造出一个具有温度的、生活化的乡村场景，这也与现代化城市生活中的高楼大厦的住宅方式截然相反。此外，厨房也是样本视频中经常使用的空间要素，与现代生活中窗明几净的厨房不同，样本视频中的厨房是传统的老式厨房，使用的是大土灶、柴火垛。这一切都是明显区别于现代城市生活的场景要素，在视频中大量使用这些乡村生活独有的场景符号，使构建的乡村生活空间更真实、更鲜活、更生活化。

除空间要素之外，视频中各种实践生产活动所需要的器具也一一展现，样本短视频中出现的器具要素分为三类：劳动器具、烹饪器具和生活用具（表 10-4）。劳动器具要素主要出现在劳动实践活动中，多是一些乡村独有的劳动工具，如长柄老式火钳、背篓、木制摘果器、扁担等。生活用具要素则穿插在短视频中的各个角落，如火盆、竹沙发、竹桌、竹篓、簸箕等。这些要素符号的使用，表征了贴近乡村生活的场景，很容易引起人们的共鸣。美食烹饪，作为样本短视频中的一个重要组成部分，其烹饪器具要素的选择也非常讲究，视频中所使用的烹饪器具多为木制、竹制、石制的器具，更贴近传统的乡村生活习惯，还有一些具有代表特色的烹饪用具，如柴火灶、面包窑、老式手摇爆米花机等，都是现在人们生活中已逐渐淘汰而在过去农村生活中却极为常用、极具特色的器具。这些要素的出现立刻唤起人们的乡野生活记忆。在这些器具要素中，有不少是主角自己动手制作的道具，如竹沙发、竹桌、竹漏勺、面包窑、摘果器等，这些自制的道具要素的使用，不仅能更生动真实地体现乡村生活，也表征了一种天人合一、与自然和谐相处的传统中国文化思想。

表 10-4　样本视频中的器具要素

要素类型	表征符号
劳动器具要素	长柄老式火钳、背篓、木制摘果器、扁担
烹饪器具要素	老式菜刀、面包窑、木砧板、石锅、老式陶土炉、水板、木托盘、木制擀面杖、柴火灶、大铁锅、木漏勺、铁锅铲、木筷子、老式手摇爆米花机、木甑子、土陶缸、木筛子、木碗
生活用具要素	火盆、竹沙发、竹桌、竹篓、簸箕

除了明显的空间要素、器具要素，M 网红短视频中展示的服饰也非常有特色，看似普通随意，却有自身独特的风格，彰显着中国传统服饰的文化。表 10-5 整理了视频中出现的服饰要素，我们可以看到，整体的穿衣颜色十分朴素，且大都是采用棉、麻等质地的服饰，样式简单大方，便于劳作，与中国农村简单质朴的生活方式和穿衣方式相吻合，反映出自然朴实的生活态度。此外，服饰中蕴含着明显的中国文化气息，如盘口外套、立领、斜开襟等设计，还有发簪、雷锋帽等富有中国气息的配饰。这些符合中国传统衣着审美的要素，在不经意之间构建了更有情趣、更有韵味的乡野空间。

表 10-5　样本视频中的服饰要素

要素类型	表征符号
服饰要素	蓝色粗布麻衣、深灰色长裤、黑色雨靴、发簪、白色毛外套、黑色直筒长裤、深蓝色棉靴、蓝色盘扣外套、黑色布鞋、蓝色老式棉大衣、黑色雷锋帽、灰色棉靴

M 网红短视频的主体构成是主角每天的行为活动，我们将其总结归纳为三类行为要素，如表 10-6 所示，包括劳动行为要素、烹饪行为要素、生活休闲行为要素。这些行为要素贯穿整个视频，且行为要素和其他的服饰要素、器具要素、空间要素相辅相成，有机融合为一体，使所构建的乡野空间更加真实完整。短视频中的许多行为要素非常具有特色，是当下城市化生活中很难见到的行为要素，如扎蒲草、铲炭灰、做糖葫芦、爆爆米花等活动。样本视频向大家展示了这些类似田园生活的生活行为，这些带有乡村特色、中国风味的行为要素与现代城市生活有明显不同，让身处异国、现代化城市中的人们感受到来自中国乡野的美好生活场景和怡然自得的生活节奏。

表 10-6　样本视频中的行为要素

要素类型	表征符号
劳动行为要素	捡栗子、添柴火、铲炭灰、扎蒲草、折柴火、摘柚子、摘橘子、挑扁担
烹饪行为要素	栗子脱壳、给栗子开口、串糖葫芦、化糖、熬糖、蘸糖、冷却糖葫芦、炒制花生芝麻糖、晾烤板栗、水果切片、烤制水果片、炒化棉花糖、制作雪花酥、捞出牛肉块、牛肉切厚片、放入香料煮肉、切雪花酥、撒糖粉、牛肉切成条、炒制牛肉干、牛肉干沥油晾干、爆爆米花、拿葵花盘、剥葵花盘、炒瓜子、筛瓜子、装沙、炒花生、筛花生、摊蛋皮、卷蛋卷、制作水果蛋卷
休闲行为要素	烤火、刷牙、吆喝爆爆米花、封存爆米花、包装储存各种年货、和祖母聊天吃蛋卷

10.5.2　空间展演

样本短视频中选择的各种表征要素需要被展示出来，即通过短视频的方式展示给世界，才能完成文化的传播和跨国空间想象的传递。展演人物主要是视频主人和她的祖母，他们都是最普通的百姓，选择普通人进行展演能够最大限度地将所生产的乡野空间展示出来，因为这个普通人可能是你，也可能是我，即我们都能从中看到共性，看到自己的影子，从而引起共鸣，拉近人与人之间的距离，跨越差异、打破隔阂。展演场景则是短视频主角所住的一个小乡村，风景秀丽，民风淳朴，仿佛是现代城市中的世外桃源。这个小乡村没有旖旎的自然风光，只有阡陌交通、鸡犬相闻、黄发垂髫并怡然自乐的美好宁静，普通而不失美丽，让我们都能从中发现与自己心目中的故乡或乡村的相似之处。M 网红短视频在进行要素的选择整合生产出乡野空间后，运用符号和镜头语言，生动地将主角生活的这个小乡村"压缩"在视频中，向世界栩栩如生地展演出一个"乌托邦"式的中国传统乡村生活空间。

10.5.3　空间互动

跨国空间想象，是一种想象的共同体，是全球想象和中国想象的交汇，是全球化和本土化之间矛盾的产物。因此，跨国空间想象也是一种基于共同价值观念的情感连接，即在 M 网红短视频中既有超越国界、种族、性别等自然身份特征的表征实体，又有世界共通的国际性话题，如此才能实现跨国家、跨文化的交流和传播，实现跨国空间的互动。

本章使用 Nvivo 软件梳理了 M 网红短视频四大主题，即季节(包括春夏秋冬四季和饮食以节)、传统工艺、东方非遗传承、花开有声的播放量最高的视频的评论，提取评论中的高频词，以此来探寻网友的情感倾向和观看感受。提取视频中表征乡野中国和中国传统文化的要素，结合全球受众关于 YouTube 平台 M 账号下网红短视频的评论进行分析。具体描述出跨国空间想象完成的步骤，解构短视频作为一个文化传播的窗口是如何完成跨国空间想象和构建的。

通过统计分析发现，不同分类的短视频，人们的评论会根据不同的主题有所侧重，情感倾向和观看感受虽然有所差异，但整体来说都是以积极的评价为主。饮食以节主题播放量最高的短视频带有积极色彩的评价词占主要部分(图 10-1)，包括"喜欢"(love、like)108 次、"美丽"(beautiful)34 次、"令人惊奇的"(amazing)20次、"可爱的"(cute)19 次、"令人轻松的"(relaxing)13 次、"美味的(delicious)"10 次、"好的"(good)10 次以及"让人惊叹的"(awesome)，"高兴的"(glad)，"鼓舞人心的"(inspiring)，"鼓舞人心的人(或事物)"(inspiration)，"美好的"(nice)，"绝妙的"(wonderful)等。此外，评价 M 网红短视频的内容主要包括："生活"(life)39 次、"祖母"(grandma)16 次、"食物"(food)14 次、"烹饪"(cooking)13 次、"动物"(animals)11 次、"自然"(nature)9 次、"中国"(China)8次、"村庄"(village)8 次。

图 10-1　饮食以节主题播放量最高短视频的评论词频

传统工艺主题播放量最高的短视频中，关于技术工艺的词增多(图 10-2)，如"令人惊奇的"(amazing)72 次，"有才华的"(talented)36 次、"家具"(furniture)22次、"制作"(make、made)43 次、"技艺"(skill)14 次，在这类短视频下，人们纷纷表达对主角掌握多种技能的钦佩和赞美，也让网友们意识到，中华文化不仅仅只有美食，还有日常生活中的手艺和技艺。

图 10-2　传统工艺主题播放量最高短视频的评论词频

　　在东方非遗传承主题播放量最高的短视频下，带有积极色彩的评价词仍然占绝大多数（图 10-3），"喜欢"（love、like）232 次，"令人惊奇的"（amazing）70 次，"美丽的"（beautiful）60 次，关于短视频内容提及最多的主要是"棉花"（cotton）108 次，"生活"（life）83 次，"工作"（work）80 次，其中一名用户这样评价："这个视频使我热泪盈眶……记得我小时候，楼下总是有人用同样的方法做棉被，我常常一看就是几个小时。我童年时的所有被子都是这样制作的。现在的被子都是工厂生产。那些被子曾是如此的温暖，你可以闻到大地和太阳的味道。感谢短视频向世界展示真实的内容。"主角做棉被的视频勾起了用户关于儿时的回忆，构建起了人们关于家、童年的美好想象空间，拥有极大的感染力和代入感，人们能够通过视频中的表征要素构建起空间想象，感知到泥土和太阳的味道。

　　在花开有声主题播放量最高的短视频中（图 10-4），"喜欢"（love、like）200 次，"美丽的"（beautiful）99 次，"令人惊奇的"（amazing）36 次，关于视频内容提及最多的是"玫瑰"（rose）128 次，"生活"（life）91 次，"祖母"（grandma）64 次，其中有网友这样评论"当我想奶奶的时候，我就会看这个视频，它温暖了我的心灵"，该短视频传达出的温暖和与祖母之间的互动引起人们的共鸣，这样一种情感不仅是中国特有的，更是具有普遍性、世界性的情感，正是因为有世界共同的价值和情感，这样的短视频才能跨越时空，温暖人心。

图 10-3　东方非遗传承主题播放量最高短视频的评论词频

图 10-4　花开有声主题播放量最高短视频的评论词频

　　总的来说，YouTube 平台上对于 M 网红短视频的评价表达的大多是对田野生活的喜爱和赞美，对主角及其祖母和谐相处模式的喜爱和向往，对中国美食、烹饪的赞叹和喜欢以及对中国的祝福和称赞。具体来说，网名为 Alexandra Gheorghiu 的网友这样评价该网红视频："还有没有其他人与我有一样的感觉，好像一个神奇的故事直接从书或电影中变成了现实。有些人追求金钱、财富和物质，而有的人想与这个美丽的女子一样，拥有家庭、爱和对周围一切的感激之情。更不用说那两只小狗和到处跟着她的羊群。我喜欢刚刚看到的一切：这个家庭里的爱，他们住的地方，以及他们有条不紊的生活方式……所有的一切！愿上帝保佑你们。"这段评论毫不吝啬地表达出他对短视频中主角的喜爱之情，向往这样美好的生活、家庭和爱，并认为美好得像是从魔法世界里走出来的一般。当网友把 M 网红短视频描述为魔法世界的时候，就是"他者"在进行跨国空间想象，而 M 网红短视频所生产出的乡野空间则满足了这种想象。除此之外，还有许多评论，他们将主角展演出的乡村描述为"童话""迪士尼世界""奇迹""艺术""吉普力""天堂"等。通过这些评论我们能够发现，大家对于乡村生活的想象是浪漫、带着诗情画意的。因此，网友们在 M 网红短视频中所构建起的"乌托邦"式的乡村空间流连忘返，使他们得以在现代化城市生活中平静下来，能沉浸在恍若童话般美好的乡野空间想象中释放出自己的焦虑。

M 网红短视频成功地重构了关于中国乡村生活和乡土文化的"跨国空间想象"，完成跨国空间想象的互动是因为该短视频不仅带有浓厚的中国文化特色和鲜明的乡野特色，而且有着超越国界、种族、性别以及世界共通的国际性语言和话题，如爱、亲情、美食等，实现了民族性和世界性的有机统一。

10.6　小　　结

随着现代化进程的加快，互联网技术的进步，当今世界信息交流和交互的速度越来越快。在这样的大环境下，M 网红短视频在 YouTube 这样一个国际社交媒体平台上引发了"现象级"的关注。面对这样的现象，我们不仅需要反思目前中国文化在传播过程中存在什么问题，而且还应该抓住其获得"现象级"关注的本质原因，反馈到今后的中国文化传播中。

网红短视频在外网上的爆火，引发了我们的反思：世界想看见的中国文化究竟是什么。通过评论我们可以发现，网友们一方面对网红短视频展演构建出的中国传统田园生活感到新奇和惊讶，称主角是"来自东方的神秘力量"；另一方面又能在 M 网红短视频里找到共鸣，收获温暖和感动。这是因为主人公在视频中反映的是超越国界、种族、性别，具有世界共通的国际性语言和话题，如爱、亲情、美食等，有了这样一个共同的纽带，才能使外国网友更好地体会到中国传统文化的美丽，真正实现了个性和共性的有机统一。

M 网红短视频所表征的跨国空间给予的意义受到中国传统文化和乡野文化内涵的影响，或者说就是中国传统文化和乡野文化自身的情境再现，即向全世界表征出"地方性"意义。利用文化表征理论来解读"地方性"意义的实践和生产，得出了全球跨国想象空间的重塑和构建是基于"生活场景"的再现来完成的。

　　本章基于斯图尔特·霍尔的文化表征理论，重现了网红短视频跨国空间想象的生产、展演和互动环节。网红短视频中选取各种要素和符号表征出的乡野空间具有传统文化和中国特色内涵，向世界表征的是"地方性"的乡野空间。与此同时，在该网红短视频中又含有世界性的话题和意义，跨越了时空的界限，拉近了人与人之间的距离，使所有人都能深刻体会其中的美好情感，搭建起跨国想象空间。这也就解释了为什么 M 网红短视频能够获得广泛的赞誉和好评。今后的世界，全球化是一个必然的趋势，我们需要在这一趋势中坚持自我，保持自身的民族性，坚守属于自己的优秀文化，同时我们又需要兼容并包，主动适应全球化的趋势。

第三篇　跨国空间的差异与治理

第11章 跨国空间生产机制的比较

　　表征型跨国空间是基于网络视频和全球受众之间的互动而产生的，是再现空间。而再现空间中的要素又是地方化的要素，并没有产生实际的经济、社会和文化联系，非真正意义上的实体空间。但是，表征型跨国空间具有特殊性，在向世界传播中国文化方面具有非常重要的作用。特别是 M 网红短视频所受到的关注度极具世界影响力，而在向全球传播和输出中国传统文化影响力方面，可以与好莱坞电影、日本动漫、韩国娱乐文化那样具有世界影响力的创意作品甚少。因此，从这个意义上讲，无法进行实体跨国空间的比较。当然，在另一个层面上，表征型跨国空间可以与世界范围内的同类型跨国空间展开比较。所以，本章对跨国空间生产机制的比较是基于商务型跨国空间、景区型跨国空间、遗产型跨国空间、混合型跨国空间和拼贴型跨国空间展开的。

11.1　跨国空间的要素类型差异

11.1.1　跨国要素的比较

　　跨国实体要素和跨国功能要素是跨国要素的核心组成部分，它们是跨国空间形成的重要驱动力，不同跨国空间类型往往是不同的跨国实体要素和功能要素相互作用产生的。

　　根据前述的跨国实体要素和跨国功能要素的构成框架体系，中国广州天河北商务型跨国空间、中国重庆红岩村景区型跨国空间和中国广州环市东混合型跨国空间的跨国实体要素基本趋同，3 个案例地都有高星级酒店、高级写字楼、高端商业综合体、银行(不同资本权属的银行)、康体场所和国际连锁便利店。跨国功能要素可以分为跨国经济、跨国社会、跨国文化、跨国政务 4 个层面。3 个案例地在跨国功能要素方面也基本相似。跨国经济要素主要指生产性服务业企业、跨国公司(地区)总部及其功能性机构，这类功能要素在 3 个案例地基本上都有分布。换言之，这 3 种类型的跨国功能要素中的经济类要素呈现趋同性的特征，基本上集中在：有大量生产性服务业集中分布的区域，它们往往驻扎在高端商业写字楼及高端商业大厦里面，不同的是生产性服务业企业的数量和写字楼的数量多寡不同，高端商业综合体和跨国商业业态不同。由于英国杜伦是一个以大学和教堂为中心发展起来的城市，规模不大，城市发展中对超高层摩天大楼等全球化现代主义城市景观有着严格的法律规定和约束条件，而我国利用超高层建筑来带动城市经济发展，昭示城市的全球化水平跃升[①]。广州、重庆对金融业、生产性服务业的发展相当重视，而金融业与各种类型的生产性服务业是租用超高层建筑办公的主力租户，加之土地租赁的作用机制，使得中国大多数核心城市中心区的高楼在不断地密集化[②]。

英国杜伦遗产型跨国空间和中国重庆峨岭拼贴型跨国空间是社会文化因素占主导的跨国空间。跨国实体要素方面，2 个案例地都有原真性生活设施。跨国功能要素方面，2 个案例地都没有跨国经济要素，遗产型跨国空间突出了文化遗产的世界级影响力，拼贴型跨国空间体现了跨国机构遗址与地方的相互作用。

5 个案例地的实证研究表明，跨国社会、跨国文化、跨国政务是趋异性的跨国功能要素，其中，跨国政务层面有相同的因素，跨国机构、大使馆、领事馆（包括签证中心）、国际组织是跨国政务面的重要跨国功能要素。跨国社会和跨国文化是差异性比较大的两个层面。英国杜伦遗产型跨国空间的跨国文化动力集中在大学、教堂、剧院和世界遗产游客中心方面，而中国重庆鹅岭拼贴型跨国空间存在文创园。闲暇生活场所、移民服务机构、跨国主题的餐厅、博物馆是 5个案例地的跨国功能要素中较为普遍的，说明这些跨国要素具有明显的连接作用，也说明广州和重庆的全球化过程不但包括经济层面，而且已经深入到社会生活层面，这些移民服务机构的主要业务是针对移居国外的中国人，这代表着改革开放之后，服务于本国居民的跨国功能要素已经出现，然而这些机构的服务对象究竟是哪些社会群体、分布于哪个行业，是有待进一步研究的问题。跨国文化动力是差异最大的跨国功能要素，文创园是拼贴型跨国空间的重要功能要素，都市旅游区是景区型跨国空间的重要功能要素。此外，是否可以开展国际化文化艺术活动是重要的跨国功能要素指标。在社会生活领域中，跨国主题的饭店和餐厅是 5 个案例地的共同特征（表 11-1）。但是在其他方面却很不相同，跨国社会、跨国文化已经成为英国杜伦跨国意义的重要标志，来自世界各地的大学生因杜伦大学的国际知名度和原真性地方生活而被深深吸引，是英国杜伦跨国文化的重要作用者，而其余 4 个案例地的主要跨国要素则是外国语言教育

---

① 2014 年，RET 睿意德中国商业地产研究中心发布《踩钢丝的巨人——世界超高层建筑研究报告》显示，全球 90%以上超高层项目在中国，中国是全球拥有 250m 以上超高层建筑最多的国家，共 122 座，占全球总数一半以上，为排名第二的阿联酋数量的 3 倍，建筑平均高度超过 300m。其中，已建成超高层建有 34%位于华东，为最密集地区；在建的超高层建筑则主要集中于华中和华南，比例分别为 23%和 21%。

② 2014 年，RET 睿意德中国商业地产研究中心发布《踩钢丝的巨人——世界超高层建筑研究报告》认为，北上广超高层建筑的开发节奏趋缓，然而在待建的超高层建筑城市排名中，深圳共 11 座，位居全国第一，厦门、南京、天津、南宁分列第二位至第五位。此外，一些尚没有超高层建筑而又不断向全球化方向挺进的二三线城市，如青岛、兰州、徐州将会是未来超高层建筑开发的重要城市。

培训机构。虽然中国重庆红岩村景区型跨国空间有一所大学，但是其主要功能是内向型的大专院校，在知名度方面与杜伦大学不是一个量级，无法产生世界级的影响力，也不能通过这一要素使得红岩村景区型跨国空间产生全球的连接。恰恰是由大型财团的地产项目主导的都市旅游区和具有地方历史精神的红岩纪念馆承载了这一功能。从一个侧面反映出我国不同类型的跨国空间仍然处于一个"想走出去体验跨国生活的状态"，而不是世界各地的亚文化群体"走进来共享跨国空间的状态"，在文化层面，二者存在发展阶段的差别，也是导致其不同跨国空间生产机制的原因之一。

表 11-1　跨国实体和功能要素的类型比较

案例地	跨国实体要素	跨国功能要素			
		跨国经济	跨国社会	跨国文化	跨国政务
中国广州天河北	高星级酒店	生产性服务业企业	闲暇生活场所	图书中心	领事机构
	写字楼	跨国公司功能性部门	移民服务机构	外国语言教育培训机构	
	高端商业综合体			跨国主题的餐厅	
	银行				
	康体场所				
	国际连锁便利店				
中国重庆红岩村	高星级酒店	生产性服务业企业	闲暇生活场所	西西弗总部	马歇尔公馆
	写字楼	跨国公司功能性部门	海洋生活馆	红岩革命纪念馆	
	高端商业综合体	跨境电商产业园		科学研究院	
	银行			儿童创意美术中心	
	康体场所			大学	
	专业协会			都市旅游区	
	国际连锁便利店			跨国主题的餐厅	
				外国语言教育培训机构	
英国杜伦	高星级酒店		闲暇生活场所	大学	
	跨国生活超市			教堂	
	爱好者协会			世界遗产游客中心	
	俱乐部			剧院	
	原真性生活设施			跨国主题的餐厅	
	康体场所			图书馆	
				博物馆	

案例地	跨国实体要素	跨国功能要素			
		跨国经济	跨国社会	跨国文化	跨国政务
中国广州 环市东	高星级酒店	生产性服务业企业	闲暇生活场所	外国语言教育 培训机构	领事机构
	写字楼	跨国公司功能性 部门	移民服务机构	跨国主题的餐厅	跨国商会组织
	高端商业综合体				
	银行				
	康体场所				
	国际连锁便利店				
中国重庆 鹅岭	酒店		闲暇生活场所	文创园	外交机构旧址
	咖啡馆			博物馆	领事机构旧址
	主题餐厅			图书馆	美国记者楼 旧址
	原真性生活设施				

11.1.2 跨国实践的行为体网络比较

跨国实践是指跨越主权国家边界的各类经济、社会、文化、政务活动，它对"出发地"和"目的地"都有重要影响，两地由于跨国实体要素和跨国功能要素的作用频繁进行着经济、社会、文化、政务的互动，其深入的程度、规模、范围与两地的全球化水平、社会开放程度和涉外法律框架具有紧密关系 (Landolt，2001；Vertovec，2004)。社会学者研究较多的移民跨国实践是最为常见的一种形式 (Ley，1999；王春光，2000；刘宏，2009；黎相宜和周敏，2012)。跨国实践是由跨国行为体完成的，跨国行为体可以分为政府、企业、机构以及个体/群体(移民)4 个层面，跨国实践往往是这 4 类行为体组合作用产生的，当然也存在着单一要素的作用，多数情况下表现为 4 者相互间形成网络共同作用 (图 11-1)。

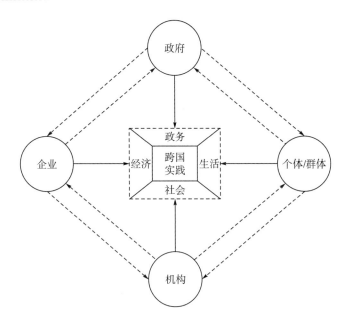

图 11-1 跨国行为体网络

从 5 个案例地的实证研究发现，跨国行为体不一定完全是外来力量，即外生作用者；地方因素或本国本地的社会经济文化要素同样可以成为跨国实践的作用者和行为体。因此，本书将跨国行为体分为外生作用者和内生作用者两个类别(表 11-2)。

表 11-2 跨国行为体网络构成

案例地	作用类型	政府	企业	个体、群体	机构
中国广州天河北	外生作用者		生产性服务业企业	跨国精英群体	领事馆
			银行		
	内生作用者	中央政府	城建开发公司	当地居民	移民留学咨询
		地方政府	外资企业		语言教育培训
			港资企业		
			生产性服务业企业		
			银行		
中国重庆红岩村	外生作用者	二战时的美国	跨境电商	跨国精英群体	马歇尔公馆旧址
			生产性服务业企业	国际游客	
			银行		

案例地	作用类型	政府	企业	个体、群体	机构
中国重庆红岩村	内生作用者	地方政府	A 地产		大学
		街道	B 地产		红岩革命纪念馆
			外资企业		
			银行		
英国杜伦	外生作用者		跨国生活超市	国际留学生	
	内生作用者		银行	当地居民	世界遗产游客中心
					大学
					教堂
中国广州环市东	外生作用者		生产性服务业企业	传教士	领事馆
			银行	不同族裔群体	
	内生作用者	中央政府	城市开发公司	本地富商	移民留学咨询
		地方政府	生产性服务业企业	个体经营者	语言教育培训
			旅游企业		
			星级酒店		
			银行		
中国重庆鹅岭	外生作用者	二战时的同盟国	新加坡城市发展集团		外交机构旧址
					领事机构旧址
	内生作用者		B 地产	名人旧居	文创园
			银行	当地居民	公园

政府层面，红岩村在抗战时期为美国部分驻华公馆所在地，一方面说明红岩村在城市区位中的重要性；另一方面也影响到当今跨国精英人士对此地的青睐。与其他案例地不同的是，红岩村景区型跨国空间是在地方政府、街道办事处等政府机构的配合和互动中营造而成。内生作用者主动推进跨国空间建设的意图十分明显，也取得了良好的效果。然而，环市东和天河北，主要表现为以中央政府和地方政府为主体的内生作用者，中央政府为推进改革开放事业，最早在广州通过行政指令，以拨款的方式筹建星级酒店，为的是引进外资，吸引更多的外商、外国人和华侨来投资，并为这些群体提供必备的各项城市生活设施，白云宾馆、花园酒店就是在这种力量的推动下建成的；天河北的开发建设从时间上略晚于环市东，最初的发展以六运会的举办为契机，推动了城市体育设施的建设，形成了以房地产开发为主导的城市跨国空

间生产模式，中央政府同样给予了资金、政策等多个层面的支持，地方政府先是为办好六运会而实施了跨国模式的运作，后逐渐演变为广州城市新中心以及中央商务区的建设，中国广州天河北跨国空间的形成优化了广州整体城市空间结构。英国杜伦遗产型跨国空间的形成没有受到政府的直接作用，尤其是在其漫长的宗教和王室更迭作用下，政府的作用显得微不足道。中国重庆鹅岭的政府作用体现在抗战时期，各个国家的驻华外交机构选址在鹅岭，无论后来是否搬离，都是在政府的作用下建立的，是重要的外生作用者。相比之下，内生作用者中没有政府的作用。

　　企业层面，中国城市处于快速城市化和城市建设的扩展阶段，建设工程项目较多。因此，城市建设开发公司或者以地产项目为主导的企业集团直接参与，成为核心的跨国行为体，与政府要素共同构成作用并组建起跨国行为体网络。生产性服务业企业、银行、高星级酒店是天河北、环市东、红岩村 3 个案例地共存的行为体，它们既是内生作用者，也是外生作用者。高星级酒店是环市东案例地重要的内生作用者和跨国行为体，是去地方化的重要诱发因素之一（蔡晓梅和何瀚林，2013），高星级酒店是其空间生产最早的行为体。红岩村旧城改造重建过程中，离不开一些大型房地产企业的投资与商业营销。因此，大型房地产企业的直接参与是红岩村景区型跨国空间形成的关键性内生作用者。在外生作用者中，跨境电商是重要的向全球营销红岩村的外生作用者，它改变了红岩村"工厂一条街"的固有形象。环市东则是脱胎于计划经济时期的城市开发公司和受广交会影响的旅游企业，天河北从主管城市建设的政府办公室部门专门成立了广州市城市建设开发总公司负责天河体育中心区域的建设，并逐步与第三方资本联合推动了天河北跨国空间的形成。可以认为，5 个城市案例地在企业层面既有相似之处，也有不同之处。相同的是生产性服务业、银行等高端服务业的集聚，不同的是在其空间生产过程中不同的运作方式和企业参与方式，这往往与城市发展政策联系在一起。杜伦遗产型跨国空间是唯一没有大型地产企业参与的跨国空间。这与杜伦历史时期形成的大学和教堂格局具有密切的联系，加之文化遗产的确立更加增强了杜伦原真性地方文化遗产的地位和承续，建成环境没有大的变动，一方面是世界文化遗产的锁定效应；另一方面是杜伦本身就是一个小城市，其知名度不是以规模取胜，而是文化影响。也正因为如此，来自世界各地的留学生的日常生活需求催生了跨国生活超市和跨国餐厅的大量集聚。

　　个体/群体层面，主要指跨国精英人士和国际移民这些外生作用者，而内生作用者是指与跨国精英人士、不同族裔群体和国际移民发生经济、生活联系的当地居民以及参与到跨国空间生产中的本地富商、个体经营者，这一点在环市东的案例中得到了较好的验证。此外，国际游客也是一类重要的外生作用者，在中国重庆红岩村和英国杜伦得到很好的体现。知名人物和传教士在鹅岭和环市东发展的后期逐渐消失了，说明个体/群体这一行为体具有时代性特征，不同发展阶段具有不同的作用。

机构层面，外生作用者主要为大使馆、领事馆等政府间的跨国机构和外交机构，这一作用者的多少与城市的地位等级具有非常紧密的联系。广州是中国重要的中心城市，在环市东和天河北集聚了众多的各国驻穗领事馆。重庆的领事馆基本上集中在环球金融中心和大都会东方广场。红岩村和鹅岭都没有领事机构这样的外生作用者。但是，二者都有外交机构的旧址。在二战时期，这两个案例地的外生作用者发挥过非常重要的作用。内生作用者方面，杜伦的教堂、大学和世界遗产游客中心是推动杜伦国际化的重要动力，这一点同我国城市的案例地形成鲜明对比。红岩村的历史遗迹和红岩村重庆天地、天地湖等重要城市公共空间本身都是旅游景点。鹅岭的文创公园和鹅岭公园是该地重要的内生作用者，同时二者又是重庆重要的旅游景点，重庆的这 2 个案例地都突出了旅游景点作为内生作用者所发挥的作用。而广州环市东和天河北集中了为数较多的为出国群体或移民群体服务的移民留学机构和外国语语言培训教育机构，说明环市东和天河北不仅是外来群体进入中国城市的重要中心区域，也是服务于本国居民"走出去"的节点空间。

11.2　历史-制度-路径差异的比较

11.2.1　历史作用与国家制度

5 个案例地的跨国空间历史上都几经变迁。无论是外生力量还是内生力量都是逐渐参与到跨国空间的形成过程中的，空间的职能呈现出同步变化的特征。杜伦跨国空间的职能经历了政教合一的权力中心—文化与信仰中心—大学科教文化中心—世界文化遗产地的叠加和转换。其中，作为采邑主教制度的职能特征和权力中心已经消失，留下城堡遗址和大教堂。由于杜伦不是英国工业化的中心，城市肌理和城市建筑没有在工业化建设的大潮中被改变，始终是一个文化职能突出的小城市，但是其具有世界级的影响力。这在世界城市发展史上是极为特殊的一个案例，其影响因素远远超越了神话传说和城市区位。红岩村跨国空间的职能经历了南方局活动指挥部—外交活动—工厂集聚区—衰落的老工业基地与旧城—都市旅游区—国际商务区和国际化社区的职能转换，其中兴盛的工厂一条街景象已经被重庆天地的城市休闲商业旅游区所取代。更为重要的是，红岩村的城市区位随着重庆城市空间的扩展发生了变化，已经由城郊演变为城市的中心区。鹅岭跨国空间的职能表现为地方精神的数次复归，即使是在重庆陪都时期，外交机构集聚和外交活动频繁的背景下，那些地方化的传承都得到了延续。其中，遗爱祠和鹅岭公园在地方精神的延续中占据主导地位，昔日的外交机构遗址与公共化的地方景观形成了城市空间的拼贴结构。而过去作为荒野的鹅岭、作为私家园林的鹅岭都已不复存在。印刷厂转型为文创公园，印钞厂留下了遗址景观而成为旅游景点。环市东的空间职能经历了教会与华侨空间—工人新村居住空间—城市对外接待空间与跨国购物空间—个体经营者和旅游企业的集聚空间——以"总部经济"为特征的高级商务政务空间—跨国日常生活体验空间。其中，教会的空间职能已经消失，其他职能则不断叠加进来，各种行为体混合作用形成了具有杂糅特质的跨国空间。天河北的空间职能经历了机场功能—城郊蔬菜种植基地—体育赛事举办地—商住空间—跨国商务政务空间，其中机场功能和蔬菜种植基地的功能已经消失，商业资本、体育营销、大事件举办推动了天河北中央商务区功能的进一步完善。然而，时至今日，天河北的空间功能已经远超中央商务区和城市新中心，而成为跨国联系的节点和跨国生活方式的符号化空间(图 11-2)。

　　杜伦跨国空间的跨国功能要素在持续地发生作用，没有间断，跨国空间的职能从 17 世纪初期一直延续下来，但是其职能类型是有变化的，这与世界文化遗产的确立和杜伦大学的国际声誉紧密联系在一起。因此，英国杜伦成为了一个具有世界知名度的文化之城。相比之下，中国广州的环市东和天河北跨国空间的跨国实体要素和跨国功能要素经历了一个渐进—演替—叠加的过程。环市东在 20 世纪初期处于广州老城的边缘地区，原东山地区的教会设施呈现规模增长，并逐步扩散到处于外缘的环市东地区，教会活动设施成为环市东跨国要素介入的开端，后期逐渐加入其他跨国要素；历史上天河北是天河机场的所在地，当时的主要用途为军事基地，是抗日战争时期的重要军事设施，后被日军占领。因此，天河北最初的跨国要素介入的原因是抗日战争这一中华民族抵御外侵的历史事件，后续则是大事件和体育营销推动了跨国功能要素的集聚。红岩村跨国空间的跨国实体要素和跨国功能要素的集聚更多表现为一个空间转型的过程，由红色革命纪念地到都市旅游区，由都市旅游区再到国际商务区，经济、文化要素交叠出现。鹅岭跨国空间是一个由跨国政治要素和地方文化要素主导的空间拼贴化发展的典型，地方的力量强势影响了跨国功能要素。

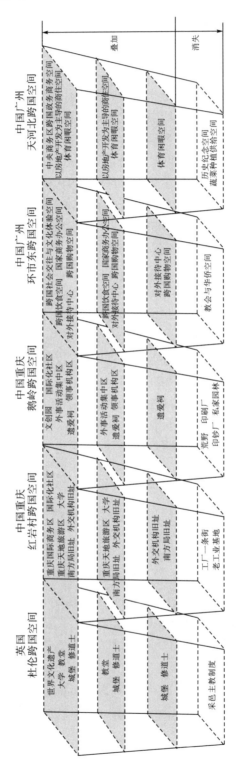

图11-2　案例地空间职能演变的历程和特征

　　5 个案例地空间职能的数次演变说明，跨国空间的形成不是一个单一要素作用生产的，它是一个历史作用的过程，也是一个综合演变的过程。在这个演变过程中，空间职能表现出阶段性的特征，又与城市发展的宏观背景联系起来。在跨国经济、跨国社会、跨国文化、跨国政务的作用下，由跨国实体要素推动其空间演变和职能演化，进而带来跨国功能要素的进入。因此，跨国实体要素的参与是跨国空间生产的先导性因素。哪些地方有跨国实体要素的作用，哪些地方就有可能吸引跨国功能要素并产生跨国空间。同时，对 5 个案例地的比较发现，跨国实体要素和功能要素的多样性、多元化及其频繁的互动联系对跨国空间生产至关重要，一个或单一的跨国实体要素和功能要素难以对空间职能的演进产生"跨国"特征的影响。

　　英国是世界上第一个进行工业化的国家，主要的工业城市有曼彻斯特、利物浦、伯明翰、爱丁堡、格拉斯哥等。杜伦并不是以其工业化的影响而闻名，而是以教堂和宗教发展史而享誉全球。英国是一个注重历史传统的国家，其政府体制是资产阶级和封建贵族相互妥协、不断改良而形成的。具体到杜伦的文化遗产型跨国空间则是英国传统文化的典型代表，反映了其延续传统后对宗教、文化功能的重视。杜伦的大教堂和城堡成形之后，其空间肌理和功能没有发生过变化。长期以来，没有大量的建设活动，在工业化顶峰时期，由于其矿产资源、能源并不富集，所以工业化对城堡和教堂的影响相当有限。由于英国君主立宪制的确立，对封建社会时期的建筑遗迹也没有太多的影响。与英国不同，我国的跨国空间形成基本上是在经济转型、城市建设、社会重构过程中完成的。广州和重庆又是我国的超大城市，其内部空间转型重构中来自国外动力的影响主要表现为历史时期的政治动力和当今的经济动力。特别是广州的 2 个案例地反映了我国经济体制改革过程中社会关系、社会空间和文化导向的重构。重庆 2 个案例地更多地反映出历史事件作用下的空间烙印。尤其是红岩村案例本身就是一个城市中心区的旧城改造项目，在中国的大部分城市中极具代表性，投射出我国城市新旧交替过程中来自国外的要素对城市内部空间的影响。

11.2.2　演化路径差异

　　5 个案例区域的跨国空间生产改变了区域的经济形态、文化意义，同时也改变着当地居民的日常生活。日常生活的完成依托于与生活行为相关的生活场所，而跨国文化场所是城市空间环境本土化生活行为的空间再现。日常生活深受全球化的影响，表现为商业消费和大众日常消费的边缘化上(黄宗仪，2004)。

　　大型高端商业综合体的建设与流行成为消费的符号化空间，引领着国际时

尚的风向标，在这些高端商业综合体内部，奢华的环境与昂贵的标准化、个性
化商品成为其共同特征，这些商业综合体是去地方化和全球在地化最为直接的
表现(Ren，2011)。跨国文化场所对跨国精英群体和族裔群体具有特定的认同、
身份和情感维系功能。对当地居民具有跨国文化行为体验的特定功能，而最直
接与日常生活相关的就是跨国主题的餐馆，这一生活场所在中国广州天河北、
中国重庆红岩村、英国杜伦、中国广州环市东 4 个案例地中都存在，且数量较
多，说明餐馆是跨国文化表达最为显性化的功能要素。咖啡馆、便利店、超市、
康体保健场所等这些与日常生活紧密相关的设施是大众日常生活所必需的，然
而这些设施在 5 个案例地的分布是极不均衡的。环市东在大众日常生活设施方
面最为完备，这些一般化的日常生活设施虽然无法与高端商业广场相比，却是
社区生活和低收入人群融入城市生活的资源，这也与环市东跨国空间生产的制
度背景与动力因素有很大关系。中国重庆红岩村、中国重庆鹅岭、英国杜伦的
日常生活设施同样较为完备，3 个案例地的居民并不是单一的高收入人士，而
是不同收入群体混合居住在一起。英国杜伦有大量的留学生群体，中国重庆红
岩村有一定数量的社会名流，中国重庆鹅岭因其高尚居住社区鹅岭峰也集聚了
一定数量的精英人士。但即便如此，3 个案例地也不是某一类人群占据主导的。
而中国广州天河北在 5 个案例地中，社区型生活设施相对缺失，一方面是因
为此区位于中央商务区的范围，另一方面此区的发展时间相对较晚，开发之
初的定位就是商贸中心，而不是生活社区(表 11-3)。在其后来的发展过程中
进一步强化了这一定位，特别是大型商业综合体宏城广场的升级改造和天河
体育中心足球场的数次硬件设施升级，中国广州天河北跨国空间职能演变具
有较强的体育营销与商业资本的路径依赖。

表 11-3　日常生活的去地方化与在地方化

	商业消费	大众日常消费
		跨国餐馆
		酒吧
		康体保健场所
中国广州 环市东	友谊商店、中环广场、丽柏广场	便利店
		菜市场
		诊所与药店
		医院
		咖啡馆

	商业消费	大众日常消费
中国广州 天河北	太古汇	跨国餐馆
	正佳广场	咖啡馆
	时尚天河商业广场	购书中心
	宏城广场(天环广场)	康体保健场所
	天河大厦	运动馆
中国重庆 红岩村	重庆天地	华润万家生活超市
	跨境电商产业园	便利店
	陆海国际中心	咖啡馆
	高级会所	
中国重庆 鹅岭	文创园	鹅岭公园
	鹅岭峰	图书馆
英国 杜伦	跨国生活超市	咖啡店
	大学	教堂

　　总的来说,日常生活的跨国再生产是以商业消费的形式在世界城市跨国空间区域不断复制,而原本地方化的日常生活空间被排斥或边缘化。跨国餐馆则是特殊的一类日常生活场所,它既是全球化的表达,也是地方生活跨地方的再现,还是族裔群体、移民群体社会交往的纽带,这一点在中国广州天河北、中国重庆红岩村、英国杜伦和中国广州环市东 4 个案例地具有相同的特征,不同的是英国杜伦具有全球吸引力的大学和世界文化遗产,而这些设施既是跨国精英人士的文化空间,也不排斥普罗大众。中国重庆红岩村作为城市旧城改造项目,其本意是促成高级生产性服务业和商业服务业的集聚,形成国际商务区。中国广州环市东杂糅了多种要素,在商业消费兴起的同时,大众日常消费的生活方式同样得到延续,这与过去的作用者和行为体有关。中国广州天河北则表现为商业消费主义的绝对优势,实质上,这是重视了商业消费的全球化而忽视了世界城市生活方式的全球化,地方和本土在全球化的过程中应该是"进步"和"包容",而不是"排斥"和"剥夺"。

11.3   跨国空间形成机制差异

本书所研究的跨国空间并没有局限在移民的生活空间层面，而是由企业、政府、机构以及个体群体(移民)等多种跨国行为体相互作用形成的网络空间类型及其组合特征。在这4种行为体要素的作用下，5个案例地跨国空间生产的形成机制和路径表现出很大的不同。总体而言，5个案例地的跨国空间皆为这些城市内部空间的重要区域。他们要么是各自城市的起源地区，要么是城市中心区。5个案例地的跨国空间都经历了一个长时段发展的历史演变过程，然而在其发展过程中，贯穿其中的发展路径却并不相同。

11.3.1   中国广州跨国空间生产的国家与社会互动机制

环市东和天河北跨国空间的形成与政策、体制转型具有紧密联系，表现出政府与社会互动的形成机制，是一种政府与社会互动过程中为跨国要素开辟"市场"的世界城市跨国空间发展模式。中央政府、地方政府提供了制度解绑、给予政策保障并利用城市规划调节、定位空间职能和发展方向，国有企业、外资企业、小微企业都利用这些政策红利积极参与到了空间的开发过程中(图11-3)。此外，高级餐馆和服饰店在环市东和天河北区域不断扩张，普通住宅走向高档化的过程日益明显，Sassen和Roost(1999)将这些区域称为"城市魅力区域"，是世界城市最为明显也颇具全球特色和象征意义的城市空间。更为重要的是，世界城市间的城市魅力区域凭借其先进的通信信息网络存在紧密的经济、政务、社会、文化业务联系，格雷厄姆(Graham)将其称为"优质网络空间"(premium network spaces)。这些空间与城市内部的其他区域相比，具有便捷的信息网络与世界上其他城市和区域取得紧密联系并产生通信设施与技术的溢出效应，而缺乏全球高密度联系网络的城市的其他部分则被排除在外。因此，跨国空间的形成离不开先进通信技术基础设施的配置。广州环市东和天河北的跨国空间形成过程实质上就是这些优质的城市基础设施集聚的过程，在空间职能的蜕变演化过程中，跨国实体要素和跨国功能要素逐步从单一化趋向多元化，政府的引导通过制度解绑和规划得以实施，而社会力量在制度的解绑下，孕育出个体经营者、民营企业、港资企业、外资企业投资建设实体空间的市场，

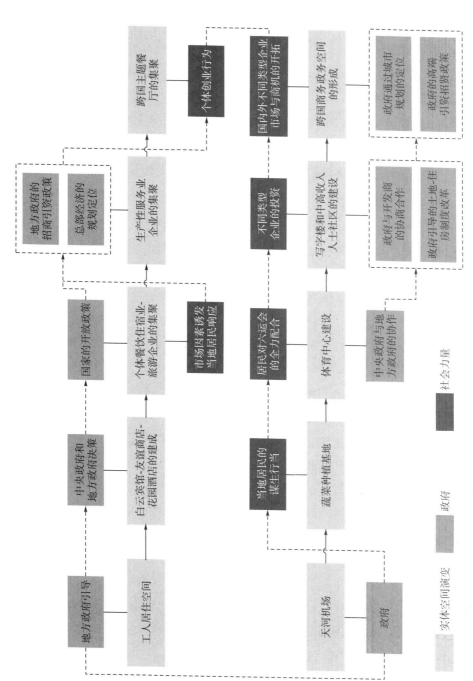

图 11-3　广州跨国空间生产的政府与社会互动机制

正是在这个市场形成分化并进一步规范化的过程中塑造了城市内部的跨国空间。二者都是在跨国资本作用下不断积累、不断演化而形成了跨国空间，说明跨国空间的形成绝非一朝一夕之事，而是一个镶嵌着地方历史的跨国化过程。全球经济动力、历史文化形成的地理环境以及与其他世界城市重要区域联为一体的信息网络空间是跨国空间形成过程中的重要条件，尽管 5 个案例地的跨国空间具有不同的形成作用机制，但是都具备了这些重要条件。

11.3.2　中国重庆红岩村城市中心区重建的全球化转型机制

红岩村的城市区位因城市空间扩展发生了显著变化。战争年代，红岩村作为中共中央南方局驻地，是开展政务活动较为密集的区域。国共和谈期间，中共代表团驻扎于红岩村，红岩村成为全球焦点区域。中华人民共和国成立后，这一区域工业发展的重要性日渐突出，红岩村因地处城郊地带而交通运输又极为方便，大量工厂集中于此。然而，随着市场经济体制的确立，原先计划经济时期的一些工厂因创新能力有限，产品老化，大部分工厂面临倒闭、改组、拆迁等问题。计划经济时代，附着在工厂生产功能基础上的职工宿舍、住宅因工厂经济效益下滑，常年缺乏修缮而逐渐沦为城市棚户区，由此红岩村的城市区位发生了很大变化。红岩村是连接江北、渝北、渝中和九龙坡四个区的交通枢纽区域。重庆市为推动红岩村的功能转型，引入开发商，通过旅游地产、甲级写字楼和高档住宅的建设来改变其萧条的城市棚户区景观。政府与开发商的合作在较短的时间内推进了红岩村的转型。其中，重庆天地作为都市旅游区被政府授牌，企业天地写字楼区域也被政府授予国际商务区，极大地推动了红岩村高级商务区的形成。在此过程中，越来越多的外国人选择在红岩村区域居住。随着外国人数量的增加，红岩村社区在国际化社区治理与生活服务方面做出了创新性探索，包括政府部门的联动和社工团队的引入等。简而言之，城市区位的相对变化推进了其功能转型。红岩村的革命斗争历史赋予了该区特殊的历史使命。政府与企业的合作迅速推动了红岩村城市中心区的全球化转型（图 11-4）。

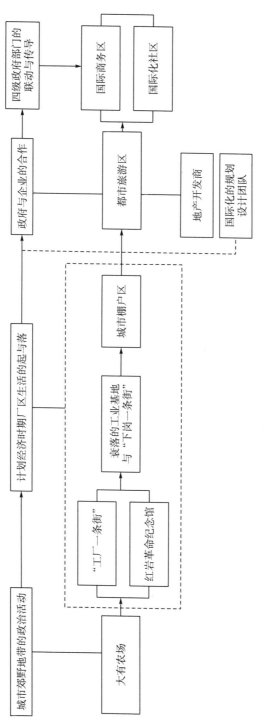

图11-4　红岩村城市中心区重建的全球化转型机制

11.3.3　中国重庆鹅岭跨国化历史与地方化复归的拼贴机制

鹅岭拼贴型跨国空间形成的基础是三次跨国化和三次地方化两种路径的不断交锋。在这个过程中，文化、政治和资本在不同的时间段先后产生主导性作用。文化作用表现为近代传教士在鹅岭'建设'教堂，民众将其捣毁，并在原址上建立起遗爱祠，以纪念一个敢于为民做事、爱国爱家、忠贞实干的知县。遗爱祠建成后，更多的人知道了这位爱国爱民的地方官。之后，国民政府迁都重庆，大量使领馆也跟着迁移进来。尽管有些使领馆曾数度迁移，但是鹅岭区域是其中较为集中的一个区域。这些使领馆时至今日只留下一栋一栋的建筑，成为重庆近代建筑群的重要组成部分。而作为整体发挥日常社会生活作用的是鹅岭公园这一城市公共空间，使领馆旧址成为鹅岭公园的一个组成部分。新加坡城市发展集团斥巨资在重庆的城市核心区建设了地产项目——鹅岭峰，这次以跨国资本主导的经济作用仍然没有完全重塑鹅岭的全球化景观。原因是多方面的，其中重要一点是跨国资本对重庆自身社会文化经济特征和自然环境的理解不够充分，其主导建设的地产项目的适用性差。相反，在重庆具有多个成功地产项目的 B 地产扎根地方，对环境非常熟悉，之后 B 地产的进入顺利扭转了鹅岭峰项目出现的颓势。至此，鹅岭的拼贴性跨国空间形成，在历史事件、高端住宅项目、知名建筑设计团队附着在鹅岭特殊的城市区位和重庆特殊的山地城市空间基础上，拼贴了城市功能、形态与结构(图 11-5)。

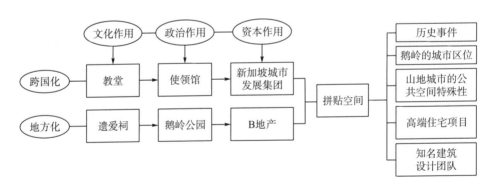

图 11-5　鹅岭跨国化历史与地方化复归的拼贴机制

11.3.4　英国杜伦文化遗产承续的文脉主义保护机制

杜伦的文脉是从守护宗教、守护信仰的神圣开始的。林迪斯法恩教区的权威在杜伦一代一代得以延续，直至成为世界级的科教文化城。在这个过程中，杜伦大教堂、城堡成为宗教权力中心的见证。在主教和王室的博弈中，杜伦大学及城市公共基础设施，包括图书馆、博物馆等，这些设施很好地延续和展示出杜伦的地方文脉。直至 20 世纪 80 年代，杜伦城堡和大教堂成为世界文化遗产，杜伦的文脉在几百年的演化过程中，不曾被破坏。其中，一个很重要的原因是杜伦远离英国工业化的中心区域，工业化进程对其的影响十分有限。后续杜伦大学的声名鹊起让工业化和大规模建设活动的发展路径相形见绌。当然，其中还有其他方面的原因。杜伦成为世界级科教文化城，是极为特殊的一个文化城市，难以复制（图 11-6）。这给我们的启示是：城市文脉的保护与城市现代化的道路能否并驾齐驱，如何才能很好地兼顾二者。我们需要思考文脉主义的力量，包括其原真性、演化性和现代性。

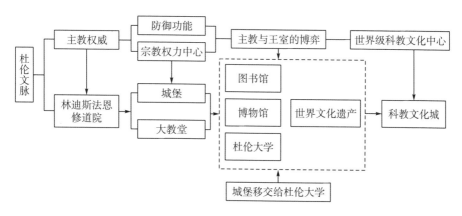

图 11-6　杜伦文化遗产承续的文脉主义保护机制

11.3.5　网络传播跨国想象的"他者"文化表征机制

信息通信技术的快速发展和普及将身处世界不同地方的人们连在了一起。不同区域的文化、生活受到越来越多"他者"的关注和表征。原真性空间的生活通过网络传播、网络互动和场景再现式演绎将"他者"的日常生活与自身联系起来，在意义、情感、价值三方面寻求共鸣和思考。当然，不是所有的网络传播都能产生这样的"他者"思考。只有那些具有人类共同追求和情感所系的空间化生活和原真性文化演绎才能激起"他者"的关注。在这方面，M 网红短视频在全球平台的传播、互动充分说明乡野中国文化、东方美食、四季轮换、日常生活这些普通真实的中国风场景在全球极具生命力。同时，也印证了文化在网络传播中的重要性（图 11-7）。

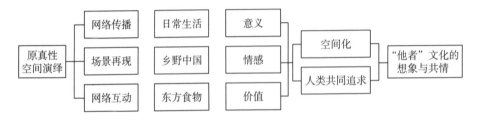

图 11-7   网络传播跨国想象的他者文化表征机制

11.4   差异化形成模式的解读

11.4.1   神圣文化申遗主导下的跨国空间

英国杜伦遗产型跨国空间源自对神圣宗教文化的守护，最初的这种神圣文化之所以一代一代传承下来，是因为其经历了文脉保护、文脉锁定和文脉再续的过程。由于杜伦远离工业化的深刻影响，因此没有开展大规模的建设活动，客观上对文脉的保护起到了促进作用。申请世界文化遗产的成功再次锁定了杜伦城市中文化的独特作用。后续，杜伦大学成为世界一流的科教文化城，实则是杜伦文脉的更新，这个更新中加入了更具世界影响力的因素。大学、城堡、教堂、世界文化遗产这样的组合不是在任何一个普通的英国城市中都可以具备的。无疑，杜伦遗产性跨国空间在单一功能、具有世界级影响力的城市中独树一帜(图 11-8)。

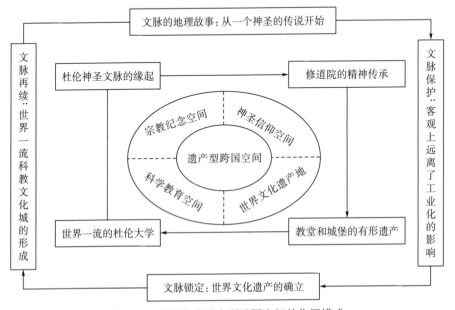

图 11-8   英国杜伦遗产型跨国空间的作用模式

11.4.2　国家与地方协同互动下的跨国空间

　　中国广州环市东跨国空间是多种跨国要素混合、多种动力推动形成的一类典型的国家权力与地方协同互动下的跨国空间。其形成与变化过程不仅是实体形态和景观的更新，而且是全球-国家-城市-地方的作用者共同推动的经济职能、社会关系和权力结构的重构。具体表现为国外动力、政府动力、本地动力与多样化动力的组合作用，国外动力主要是早期的华侨、教会和跨国公司、外国人群体；中央政府和地方政府是政府动力的主体，而本地个体经营者和怀旧文化的消费者是本地动力的主体。不同跨国要素在相应的动力下于不同时段进驻，并产生了不同的跨国行为体，不断叠加与混合，最终在城市发展历史、国家政策、城市规划、体制转型的背景下，形成了具有混合特质的跨国空间(图 11-9)，其空间特征和形成机制具有独特性，反映了我国在不同历史时期经济社会制度要素对城市内部空间的形塑和地方的空间化响应，这也是中国世界城市不同于欧美世界城市的一个例证。

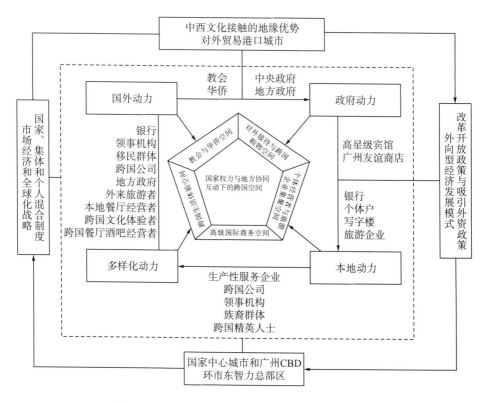

图 11-9　中国广州环市东混合型跨国空间的作用模式

在环市东跨国空间形成过程中，当地居民、跨国人群通过跨国文化场所这个中介发生了互动作用。依据萨森的判断，世界城市社会结构"纺锤形"两端的人群是服务与被服务的关系，然而环市东则是当地居民因跨国空间经济利益溢出和跨国人群寻求社会网络与文化认同而不断杂糅，将二者社会生活互动联系起来的正是跨国文化生活场所这个"代理机构"（agency）。因此，在世界城市中，虽然位于社会结构两端的人士在就业和居住上存在社会人群类别意义上的空间隔离，但在日常生活中则能够产生实实在在的互动与联系。

跨国文化行为体不一定是外来因素，更多的是一种外来文化和地方本土因素不断结合，不断生长的"增长网络"。环市东的本地居民以个体经营者的形式参与到跨国空间的重塑过程中，成为重要的跨国行为体，与政府、企业等一起推动了环市东跨国要素的不断叠加（overlap）和混合（hybridity）。这样的一个互动机制和共同作用具有强烈的时代背景，这一点与有关学者提出的中国城市混合空间结构的混合制度具有关联性（杨永春，2015）。

11.4.3　增长联盟与体育营销驱动的跨国空间

在分权制度、土地有偿使用制度、分税制和住房商品化制度等多种制度渐进式改革的作用下，广州对全球化力量开放的影响是深刻和广泛的，但是在城市内部的空间转型并不是均质的，往往在城市的某个区域首先产生，天河北就是其多种制度改革下的"先锋地带"。广州市城市建设开发总公司从地方政府的部门办公室发展到国有大型企业，再到上市企业、跨国企业的发展历程正好印证了天河北从农田走向特色型跨国空间的转型过程。中央政府有全盘指导的作用，设置体制框架，并且通过六运会这个大型事件引发进程，接着由当地的发展联盟接管。当地政府在市和区一级拥有土地资源规划等权力。港资、外资等资本的进入与地方国有企业一同成为天河北"改天换地"的资本动力，这使投资者在决策制定中发挥了重要的作用。地方政府有关部门管理着关键资源，如土地和金融机构，社会资本依据其资本投入获得收益，通过不断合作、协商、博弈，形成了天河北跨国空间生产的增长联盟。天河北实体跨国空间形成之后，地方政府举行了一系列的节庆、展览、纪念活动，这时多样化的资本类型不断进入，通过文化和媒体这个"代理机构"向全国乃至全世界展示其日益全球化的空间，反过来，又进一步吸引了生产性服务业、各国驻穗总领事馆、大型商业综合体、跨国文化场所的入驻，地方政府又通过营造天河北宜居宜商的社会环境和健身闲暇环境来吸引高端跨国资本群体和专业性技术人才，并给予多方面的优惠政策和机制奖励，其中也包含企业层面的投资优惠政策等。从事件介入到制度改革，从城市规划引导到文化活动营销，这些都成为天河北跨国空间的重要动力，形塑了不同阶段、不同程度的跨国空间。这种同步变化的特性是由增长联盟与体育营销所驱动的，本质上是国家与社会力量互动形成市场，多种资本介入市场所产生的跨国空间(图 11-10)。

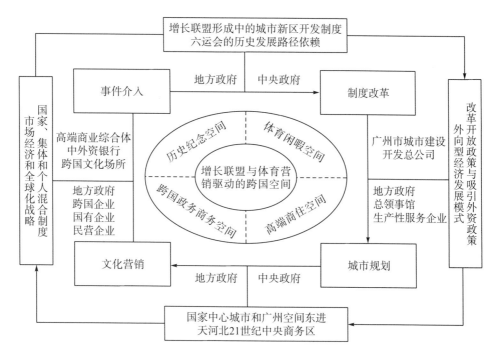

图 11-10　中国广州天河北商务型跨国空间的作用模式

11.5　面向全球和根植地方

11.5.1　时代背景和动力特征

5 个案例地的跨国空间皆为多要素、多动力在历史时期组合、叠加产生的，从而与特定的时代背景联系在一起。重庆和广州的跨国空间形成动力都经历了由单一要素触发，后随着城市发展逐步融入多种跨国要素的混合动力产生的过程，在这一过程中又是由多个跨国行为体作用者形成作用网络带动的。不同时期、不同阶段具有不同的组合特征。杜伦跨国空间形成的文化动力发挥了核心作用，这与杜伦远离工业化、而后又进入后工业化社会的时代背景紧密相关。环市东最先由教会、传教士等外生作用者触发，后经政治动力、经济动力的组合发展转化为政治动力、经济动力、文化与生活动力的混合和叠加，触发动力在后期的发展中消失。天河北则是由大事件动力触发，后逐步融入经济动力、规划动力和文化动力的组合过程，一系列国际性文化活动推动着天河北的全球化商业景观成为中国世界城市建设的"空间想象"，却没有包容进更多的地方化要素和日常的生活空间，这是中国世界城市建设尤为值得注意的问题。总的来说，环市东—天河北跨国空间生产与广州城市的发展阶段基本同步，从跨国要素影响的角度出发，广州城市发展经历了一个中西文化接触的前沿城市—国家门户城市—改革开放先行城市—国家区域中心城市—发展中的世界城市的过程。红岩村跨国空间的经济动力主要表现为地产的联合，而社会文化动力主要是通过营建都市旅游区实现的。红岩村成为国际商务区与重庆旧城改造和城市空间的优化拓展紧密相连。鹅岭跨国空间的政治动力更加突出，不仅表现在历史事件下的驻渝外交机构变迁，更表现在先后三次跨国化与地方化的交锋中。

11.5.2 跨国空间与城市的互动

Marcuse（1989）认为世界城市是碎裂的城市（quartered city）。Sassen（1999）、Van Kempen（1994）认为世界城市是二元城市（dual city），其共同的特征是强调空间分化，而跨国空间正好是世界城市空间分化中的一个组成部分，也是世界城市内部空间分化、碎裂过程中最为明显的一部分。形成的原因主要是城市全球化过程中的跨国实践，包括经济、社会、文化等层面的跨国实践，形成的区位主要集中在城市发展历史上的传统区位、城市新区发展的中央商务区（CBD）、休闲商务区（RBD）、全球商务区[①]（global business district，GBD）等优越区位。

环市东—天河北跨国空间的形成与广州城市发展存在相互促进、相互协同的关系。环市东是20世纪80～90年代广州重要的中央商务区，当时广州城市发展的定位为改革开放的先行城市和国家区域中心城市，各省市驻广州的办事处、各国驻广州总领事馆等机构均在此地分布。2000年以后，以天河体育中心为先导的天河北建设渐趋成型，并从最初的商贸中心发展为城市新中心和中央商务区的组团之一，此时广州大量的跨国机构和政府间组织也相继在天河北落户，政府为强化天河北商务功能，出台一系列招商引资政策吸引跨国公司和世界500强企业的进驻，很大程度上促进了广州CBD和城市空间的东拓，推动了广州中央商务区空间结构的优化和多核心结构。以天河

[①] 全球商务区，由高级生产性服务业企业、银行、证券交易中心和跨国公司总部集聚而成的具有全球交易和管理服务的商务区。

北大型体育设施为依托,广州成功举办了多项全国和世界性赛事,包括亚运会以及常态化的足球联赛,国际赛事的举办推动了广州国际化城市基础设施的建设以及城市的开放水平和国际化水平,并最终明确了其世界城市的发展定位。

广州跨国空间的特性和功能处于不断地被重塑和重构的过程中,它与广州CBD 的发展具有协同性,但并不等同,跨国空间的区位与 CBD、GBD 具有紧密的联系,功能上也有一定的重合,但是 CBD、GBD 强调商业商务办公的功能,跨国空间则是跨国实践综合作用下的城市生活空间。广州跨国空间较多集中在经济的国际化和全球商业化的流行上,面向国际化的生活服务及设施因不足,还未深入到包容多元化世界城市生活方式的生活空间层面上。

重庆红岩村跨国空间和鹅岭跨国空间与城市发展同样存在互动关系。计划经济时期工厂兴盛,红岩村成为重要的工业基地。旧城改造推动了红岩村的空间转型,重庆城市空间已经大幅扩展,红岩村的城市中心区位得以展现,商业服务业、都市旅游业、高档住宅小区的建设已经成为绝大多数城市中心区发展的固定模式。正好这一时期,红岩村的改造推进了中心区的转型。鹅岭与重庆城市发展的同频共振表现在历史事件作用下的跨国政治要素影响,驻渝外交机构与城市政治功能的发挥紧密相连。

11.6　超越地方与空间的跨国实践

纵览英国杜伦、中国广州和中国重庆 3 个城市跨国空间形成发展的历程,5个案例地既有相同点,也有不同点。相同点表现在皆为多种跨国要素的作用,涵盖跨国经济、跨国社会、跨国政务、跨国文化、跨国生活等多个层面;其次,都经历了不同程度的地景变迁、功能演化,在地景变迁和功能演化的过程中社会关系得以重组。而这些变化是在由政府、企业、个体/群体、机构/生活场所组成的跨国实践行为体网络的基础上产生的,其跨国实践包含经济、社会、文化等多个领域。不同点集中体现在历史背景、政府作用、城市规划和作用者异同 4 个层面(图 11-11)。跨国要素和跨国行为体网络是导致 5 个案例地相同与不同的根本原因,二者的交互作用就是形塑跨国空间的跨国实践。

英国杜伦是遗产型跨国空间,中国广州环市东是混合型跨国空间,中国广州天河北是商务型跨国空间,中国重庆红岩村是景区型跨国空间,中国重庆鹅岭是拼贴型跨国空间。具体来说,五类跨国空间之所以不同,是由历史发展背景、政府作用、城市规划和作用者异同导致的。首先,英国杜伦的宏观发展背景为远

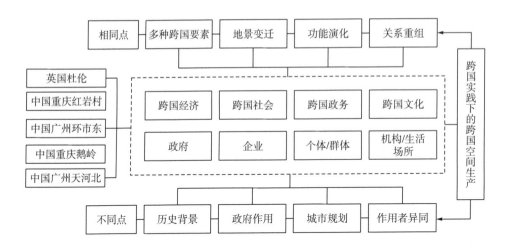

图 11-11   五类跨国空间的综合比较

离工业化的中心和去工业化发展过程中的城市文化主导。中国广州环市东深受我国改革开放政策下的外向型经济发展模式影响，中国广州天河北跨国实体空间与大事件、地方政府引导下的城市空间拓展战略紧密联系在一起。中国重庆红岩村的国际化和跨国空间与重庆的旧城改造项目相关，是城市更新的一个典型代表，是更新驱动下的跨国空间。中国重庆鹅岭则是历史事件作用下的"瞬时全球化"。其次，5 个案例地虽然都有政府的作用，但其内涵和本质是不同的，在英国杜伦的案例中政府作用主要表现为世界文化遗产项目的申请。中国广州环市东跨国空间形成的起因与中央政府的指令、政策和营销具有重大关系，在其发展过程中并没有整体区域的城市规划，而只有单一产业职能发展规划和战略规划。中国广州天河北跨国空间的政府作用体现在事件营销与市场环境的营造方面，且具有完备的规划体系，以保障有序的实体空间建设。中国重庆红岩村的政府作用体现在全球化市场环境的营造方面。中国重庆鹅岭的政府作用在计划经济时期和旧城改造阶段是不一样的。计划经济时期，政府作用是一种行政指令的反映。旧城改造阶段，政府作用则是社区治理、空间治理，是不同层级政府的联合和互动。最后，作用者方面，推动英国杜伦跨国空间形成的作用者是较为单一的，基本上围绕着教堂、城堡和大学；而个体经营者和跨国主题的餐饮场所是推动中国广州环市东跨国空间形成的最有特色的作用者，中国广州天河北则是广州市城市建设开发总公司和移民服务机构，中国重庆红岩村较为独特的作用者为计划经济时期的工厂，中国重庆鹅岭为使领馆旧址(图 11-12)。

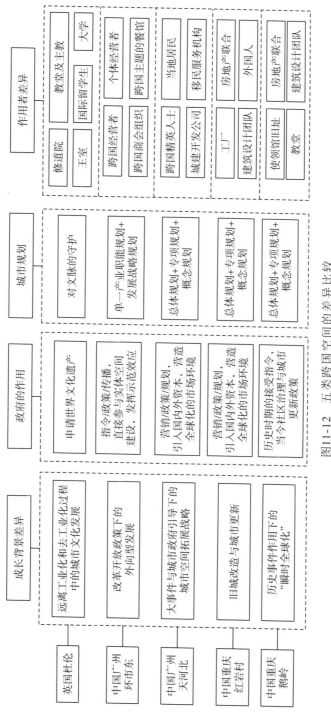

图11-12　五类跨国空间的差异比较

第 12 章　跨国空间治理

12.1　世界城市跨国空间生产的驱动力模式

　　以跨国公司、生产性服务业为核心的经济全球化发展动力是新国际劳动分工之后世界城市发展最为明显的特征,而集聚了跨国公司总部和生产性服务业的城市内部区域是跨国经济空间最初的表现形式。随着全球化的深入和多维度的延伸,世界城市内部空间发生了深刻的空间重构和分异。本书是从新空间类型产生这一视角去解读世界城市跨国空间生产的差异化路径和机制的。全球化和世界城市在经济、社会、文化、生活层面存在诸多相似或趋同的特征。然而,在世界城市内部的跨国空间生产则是与城市发展历史、城市职能、国家制度与政策以及城市规划联系在一起的,而这些因素往往是具有差异性和独特性的,因此,跨国空间在不同的世界城市表现出不同的空间特征和形成机制。

　　杜伦城堡和教堂一直以文化主导的模式发展,这个模式维护了杜伦在教区的历史地位,杜伦大学提升了科教文化职能。杜伦的地方文脉也得到了很好的保护,并最终以世界文化遗产地的形式闻名世界。相比之下,环市东和天河北各自表现为混合型跨国空间和商务型跨国空间,二者皆体现出国家与社会互动的形成机制。中央政府和地方政府在不同的经济社会发展阶段出台相应的制度改革政策,引入跨国要素与地方互动发展机制,以提供一个跨国资本、跨国机构等跨国功能要素可以进入的市场。在制度壁垒渐进式解绑的进程中,市场供给的类型和范围不断增多和扩大,跨国实体要素在市场机制充分发挥的基础上,不断融进跨国功能要素,进而形成了不同特征的跨国空间,是一种国家与社会互动的市场供给模式,即为跨国要素的进入不断提供适宜的市场(环境),发挥市场对空间的重塑作用。环市东是广州最早得到改革开放政策实惠的地区,所以杂糅了各个时期国家对外开放政策和制度转型所带来的空间变迁,是一个典型的混合型跨国空间;天河北跨国空间的形成与天河体育中心的建成具有直接的联系,而天河体育中心建设的渊源又是直接服务于 1987年的六运会。天河北代表了一类因体育赛事(大事件)而兴起的且特殊的跨国空间形成路径,是一类特色商务型跨国空间。红岩村和鹅岭实质上是全球化与地方化的战略耦合机制互动形成,但是二者的特征却不一样。红岩村通过景区建设推动了耦合的过程。鹅岭通过拼贴的形式促进了社会的转型(图 12-1)。

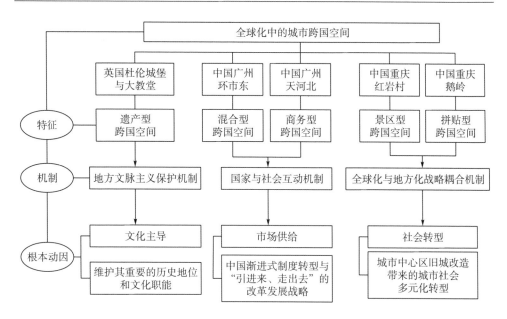

图 12-1　跨国空间生产的差异化模式

尽管 5 个案例的实证研究表明，它们是不同类型的跨国空间，但是它们都经历了一个长时段、多种跨国要素作用的历史过程。这与从单一要素出发，研究世界城市单要素影响下的空间特征形成区别，揭示的空间形成动因和机制自然是有差异的，然而两类研究都是世界城市内部空间的重要研究内容，值得关注的是，跨国空间作为世界城市的一类新空间类型并非是独有的。杜伦不是世界经济影响力层面的城市，是典型的文化型城市。

12.2　跨国空间生产的协同作用

在市场经济条件下，全球资本积累在不同的空间中进行，只要资本的流动没有束缚，那些区位上适宜资本栖息的地景就会被重塑，并且被纳入全球经济体系而成为全球资本积聚与增值链条中的一个节点。世界城市内部跨国空间的形成实质上就是这些节点的组合，这在当下中国世界城市的建设中尤为突出。跨国商务空间的形成伴随着日常生活空间的边缘化，世界级地标建筑与跨国企业并非是世界城市发展的真正成就，它是一种对全球化空间镜像的"迷恋"，是一种资本的"乌托邦"（王金岩和吴殿廷，2007），今日世界城市的空间生产与重构已经无法忽视跨国要素、跨国机制和国际化的背景，但空间不是为资本而生，它是为人而生，无人的空间是僵化的、空洞的；资本主导的空间是不公正的、排斥的、失衡的。

　　跨国空间的生产已成为世界城市绕不开的议题，与国家的制度、社会环境、发展历史紧密联系在一起。中国广州和重庆都是跻身全球化浪潮下，城市全球化转型的典型案例。资本、权力在其各自的跨国空间形成过程中都发挥了关键性的作用，环市东和天河北跨国空间在国家（政府）与社会互动的过程中，分化出了多样化的市场，而多样化的市场供给强化了跨国功能要素和跨国实体要素的进一步集聚。在建成世界一流的城市商业化景观的同时，更重视跨国要素的集聚是为了地方的进步和城市生活的美好这一主旨。通过本书的案例分析，我们需要反思如下问题：重物质形态的景观建设而轻社会空间的建构；重全球化、国际化的空间镜像而轻包容地域特色、多元文化的生活，从而模糊了"空间为谁生产"的根本主题。这也是表征型跨国空间与跨国空间想象的案例研究给予我们的深刻启示。

　　空间是一个多维度的概念，既是经济的、文化的，也是符号学的。它具有一种双重的特征，不仅是社会关系的产物，也是社会关系的生产者。世界城市跨国空间是由资本、权力、生活的协同作用聚合跨国实体要素和跨国功能要素而形成的，一个更加开放、更具吸纳能力的跨国空间胜于封闭和排斥逻辑的地方空间，它是政府、资本、民众的集体协商而非其中一方的单边行为和利益合谋，它是一种社会建构的过程，这个过程充满了对城市美好生活的憧憬和"诗意性栖居"的多边合作与包容，是全球跨国空间要素的优化组合，并不是资本"乌托邦"、权力"乌托邦"的竞技舞台，这也是空间批判的一个重要维度（Harvey，2000）。在世界城市中生活的居民被置身于一种跨国或全球化的语境中，这是居民自由城市生活所希望的空间，既可以生活在地方的文脉中，也可以置身于异域文化中，然而这种空间的希望似乎总在变化之中（Harvey and Braun，1996），世界城市的跨国空间正是这种变化的主体，它的生产过程是一个历史的过程（图 12-2）。

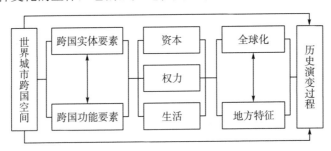

图 12-2　跨国空间生产要素的协同作用

　　跨国空间是矛盾的空间，是全球化与地方化发生强烈互动作用的空间，同时也是差异的空间。在全球化的浪潮中，世界城市内部的跨国要素在频繁互动与作用，形成了差异、矛盾的世界城市空间格局（Mollenkopf，1983；Mollenkopf and Castells，1991）。据此，Smith（2003）提出世界城市的 4 种理论观点：后结构主义理论、行动者网络理论、非表象理论及复杂性理论。具体到世界城市的内部空间，本书研究表明：世界城市跨国空间形成的差异化模式主要是由国家、地方与跨国要素互动过程和机制的差异导致的，又与跨国空间所处的世界城市本身的历史发展特征和时代背景紧密联系在一起。Amin(2002)使用全球化空间的多样性(spatialities of globalisation)对经济、社会、生活等多个领域全球尺度的跨国链接导致的空间重塑进行了抽象概括。Jackson 等(2004)明确指出跨国特质的空间越来越成为城市全球化潮流的一个显性趋势。然而，跨国空间的研究仍然存在诸多争议，这与其跨学科的研究视角不无关系。但更为重要的是其本身研究客体的复杂性，加之不同世界城市自身发展路径和阶段的差异性。本书的研究提供了差异化的实证案例，对多种跨国要素作用下的跨国空间提供了一定的参照，但是如何深入分析全球化空间性理论，并对跨国空间的适用性给予解释，以及在此基础上的理论提升仍需要进一步的努力。

12.3 增长联盟的全球视野与地方行动

以市场为导向，依靠市场化实现经济增长和城市发展，是西方国家自 20 世纪 70 年代经济危机以来的社会经济转型路径，这一转型总体上正好与我国改革开放和渐进式经济体制改革同步(胡毅和张京祥，2015)。以企业为代表的经济要素的流动带动着社会、文化要素的全球化扩散，特别是世界城市生活方式冲破地方化的藩篱而不断趋向全球化模式。在这一趋向全球化模式的过程中，"城市增长联盟"的发展机制推进了跨国空间构成要素的集聚，以跨国商业集团、中央政府、地方政府、当地居民、跨国精英人士等跨国行为体相互作用形成的增长联盟对跨国实体要素和跨国功能要素的聚合起到了非常重要的作用。在跨国要素聚合的过程中，全球与地方的关系不再是二元的静止与对立，地方通过跨国关系、跨国实践与其他地方连接，地方性在与其他地方及社会互动过程中体现出来(Cresswell，2013)。这种互动过程往往有政府的推动，其举措是多方面的。然而，跨国空间具有历史发展背景，而历史发展背景往往具有差异性。即使具有相同的跨国实体要素和跨国功能要素，但是其形成机制也是不一样的。因此，增长联盟所揭示的跨国要素的作用过程是普遍性的宏观讨论，而不是具体的差异化的形成机制和模式研究。

在增长联盟的作用下，跨国文化空间和跨国生活空间成为全球视野和地方行动结合的典型。后现代城市主义的观点认为，日渐显著的跨国元素在不断嵌入特定的地方，外部世界与地方发生着频繁的互动作用和连接，表现出跨国、去中心化、边界的消失等特性，同时重塑着地方。地方不再是一个狭隘的、固定的、单一的"本真性"的身份认同，而是跨国联结与开放的社会关系，具有多样性的历史与身份认同。跨国实践是将地方与外部世界联系起来的纽带，形成了经济、社会、文化系统的跨国连接和超边界网络，与外部世界发生了频繁的互动与联系。在此过程中，空间不断演变，表现出新的特性，或累加到原有空间再构，或逐渐失去原有的功能重构，或增加新的跨国要素建构，进而孕育出跨国文化空间、跨国生活空间。

　　跨国文化空间、跨国生活空间给世界城市带来了开放、多元、包容的关系互动和生活互动，成为世界城市跨国空间多样化的体现。跨国空间对世界城市形成与变化的作用也正是在其城市生活及与其他城市的跨国联系方面表现出来的，这种跨国联系是多层面的，这时的跨国空间融入了经济、文化、生活的联系和功能，成了一个特殊的地方，代表着世界城市的文化想象和符号。世界城市与城市全球化理论对跨国空间的形成和演绎提供了重要的理论解释，特别是对地方的现代主义与现代性解读融进了跨国要素的作用，为跨国文化空间、跨国生活空间的形成发展提供了理论基础，但综合了经济、文化、社会、生活等多要素的跨国空间仍然未能建立起一个系统性的理论框架。

12.4　中国建设世界城市的空间治理对策

　　世界城市间的竞争，一方面如萨森所言，是那些能为跨国公司全球经济运作和管理提供良好的通信设施的地点间的竞争；同时也是多元化生活方式和包容性生活空间配置的竞争。以索加、斯科特为代表的学者从后现代理念出发，认为世界城市是全球化的产物，是城市和全球社会变革相伴而生的，是全球经济、社会、文化和生态系统的一个重要节点。同时，世界城市也是产品和创新的策源地，不仅仅是生产性服务业集聚的场所和跨国公司的集聚地。世界城市也有特殊的空间、内部动力和社会结构。跨国空间是其特殊空间的类型之一，跨国实践是其重要的内部动力，多元化的居民构成和跨国亚文化群体是其典型社会结构的组成部分。因此，世界城市不仅仅是控制和管理的中心，也是生活和文化的中心。从社会空间的角度分析跨国空间，如何在跨国经济、跨国社会、跨国文化动力下转向建设世界城市包容性生活空间就成了一个关键性议题，而这一议题与跨国生活资源的配置直接相关。因此，跨国生活资源配置就成为城市政府治理社会空间失衡和建设世界城市包容性生活空间的重要内容。

　　对跨国空间生产过程的研究发现，具有非地方化特色的生活场所是共同的特征。这些生活场所既是体验跨国文化的资源，也是城市生活的特色空间，而这些空间往往融合了多种地域文化或是跨地域文化的地域表达。从城市生活行为的角度分析，结合案例地的实证研究，餐饮行为、健身行为、闲暇行为、文化艺术行为是跨国文化因素最容易渗透的城市生活行为，而满足城市居民或不同族裔群体的 4 类生活行为空间，就是城市生活的跨国文化场所，本书将其称为跨国生活资源。它是世界城市生活空间中重要的组成部分，在世界城市生活的居民，无论是跨国精英人士，还是服务于跨国精英人士的人群，都具有对这些跨国生活资源的需求权利。因此，面向世界城市发展的城市政府都应重视跨国生活资源设施的规划设计和合理化配置。当然，并不是所有的跨国生活资源都要配置完备，而是结合其现实需求进行配置。本书通过多个案例地的实证，提出 6 大类、20 小类的跨国生活资源(表 12-1)，这些跨国生活资源的包容性配置是跨国空间治理的关键性对策，是一个世界城市是否包容世界移民群体和亚文化群体的生活方式的一个重要表现，同时也是一个世界城市国际化程度的标志，而不是单一地强调生产性服务业企业的集聚和跨国精英人士的生活空间，它应当是一种地域化或跨地域化生活方式的城市生活资源的富集地，对世界不同区域的人群具有可接近性，对世界其他区域的生活与文化具有公平的包容性。

表 12-1 跨国生活资源类型与功能

大类	小类	功能	包容配置原则
商业设施	涉外宾馆(酒店)	商务-会议-娱乐	高端与低端
	高端商业综合体	购物	
	银行	商务与生活	
办公场所	写字楼	商务办公	地方与全球
跨国主题餐饮场所	西式快餐	社会交往与地方认同	本土与跨国
	中式快餐		
	法国菜系		
	土耳其菜系		
	中国菜系		
闲暇场所	咖啡厅	跨国文化交往	地方与全球
	酒吧		
	俱乐部		
跨国机构	大使馆	涉外事务办理	本土与跨国
	领事馆		
	国际组织(协会)		
文化艺术场所	图书馆	亚文化生活空间	地方与全球
	博物馆		
	音乐厅		
	教堂		
	国际赛事场地		

12.5　全球对话：包容性空间治理之路

　　世界城市需要应对 5 种挑战：生产性服务业占主导的经济结构、面向所有居民的城市基础设施共享、良好的生活质量、包容性的社会整合与正义的空间治理。这些挑战的应对需要明白一个前提：世界城市是为居住在世界城市里的居民所建的，世界城市具有众多的跨国特征。既是如此，跨国空间就是一个绕不开的话题，而前文所述的世界城市的 5 种挑战都与跨国要素联系在一起，而跨国空间正是这些跨国要素的载体。跨国空间连接着不同的制度框架、利益诉求、社会文化以及全球化城市生活方式，是世界城市研究中的重要组成部分。

　　当今世界城市研究较多地侧重世界城市网络体系、世界城市移民等单一要素，而跨国空间是在跨国实践下的多种跨国要素综合作用的小区域研究，也与由跨国迁移带来的跨国移民社会空间研究有一定区别，其学术价值和意义在于如何保障世界城市具有经济竞争性的同时，能够构建一个包容性的生活空间，这一点对中国世界城市的建设尤为重要。中国高度关注其国民经济的发展，并创造了经济奇迹。快速城市化和工业发展的综合结果，加剧了社会分化，并产生了自然与城市环境的问题（Watters and McGee，1997）。所有热衷于世界城市地位的城市都打造了迎合国际标准的高品质的中心商务区，创建地标建筑以提高活力形象。中央政府在塑造、运作全球化的过程中对城市的影响上发挥着主导作用。从"引进来"的角度分析，吸引全球性公司和专业化生产服务功能的愿望将促进具有吸引力、服务完善、位置优越、富有"艺术气息"的办公楼区域的发展，以满足跨国资本和全球商业化的诉求。但同样重要的是，需要跨国特质的住房、餐饮和娱乐设施来为城市的全球化活动吸引人才。本书提出"跨国生活资源"的概念来满足这种世界城市发展的愿望，通过跨国生活资源配置来构建具有跨国文化特征的城市空间，而构建包容性跨国空间的方式又当如何呢？通过多个案例地的实证研究发现，增长联盟和机制理论（regime theory）仍是其中的重要方式。两种理论存在一定的互补性，增长联盟表达了精英机制，但机制理论允许利益团体以多元化来塑造不同形式的联盟或机制。机制理论的构架与弹性以及合作、网络和相互依存的理念对跨国实践下的世界城市空间具有参考价值。

　　跨国空间生产与不同的历史作用、国家发展历程和制度联系在一起，它仍然被国家塑造着，并依赖国家背景。文化历史遗迹、建筑环境的延续性都是跨国实体要素产生的领域，由于相互作用方式的不同，英国杜伦、中国广州和中国重庆跨国空间的生产机制反映了文化主导、市场供给和社会转型的重要性，这 3 种模式也是跨国空间生产的典型模式，与其丰富的地方历史直接相关。但经历了跨国实践作用下的"地方"已经不再是"本土"的地方，是全球化和跨国空间作用下的地方，这一类型的地方是我国建设世界城市的重要表征要素之一。对于中国世界城市而言，全面融入世界全球化进程已是必然的选择，城市空间将进入一个跨国经济、跨国社会、跨国文化、跨国生活重塑的境地，在此作用下城市整体空间表现为多元异质和新类型空间分化，跨国空间兼具新类型空间和多元异质的空间特征。因此，中国世界城市建设理应重视各种跨国要素作用下的跨国空间，通过对这一跨国空间的治理，带动整体城市空间结构的优化重组，在地方精神和全球视野两个方向上推动城市空间的双转型。

参 考 文 献

包亚明，1997. 布尔迪厄文化社会学初探[J]. 社会科学(4)：70-73.

包亚明，2001. 上海酒吧：空间，消费与想象[M]. 南京：江苏人民出版社.

包亚明，2006. 消费文化与城市空间的生产[J]. 学术月刊，38(5)：11-13.

蔡建明，薛凤旋，2002. 界定世界城市的形成：以上海为例[J]. 国外城市规划(5)：16-24.

蔡晓梅，何瀚林，2013. 城市星级酒店的"无地方性"思考[J]. 旅游学刊，28(3)：8-9.

蔡晓梅，朱竑，2012. 高星级酒店外籍管理者对广州地方景观的感知与跨文化认同[J]. 地理学报，67(8)：1057-1068.

柴彦威，1999. 中日城市结构比较研究[M]. 北京：北京大学出版社.

柴彦威，2012. 城市地理学思想与方法[M]. 北京：科学出版社.

陈军，1999. 广州环市东路重点地段分析[J]. 南方建筑(3)：66-67.

陈向明，周振华，2009. 上海崛起：一座全球大都市中的国家战略与地方变革[M]. 上海：上海人民出版社.

陈晓云，2008. 当代中国电影中的跨国空间与全球想象[J]. 兰州大学学报(社会科学版)，36(6)：25-29.

程遥，赵民，2018. GaWC世界城市排名的内涵解读及其在中国的应用思辨[J]. 城市规划学刊(6)：54-60.

丛屹，2012. 全球化与全球生产系统的空间发展[M]. 北京：经济科学出版社.

戴靓，曹湛，张维阳，等，2020. 多重空间流视角下长三角城市网络特征分析[J]. 长江流域资源与环境，29(6)：1280-1289.

丁雁南，2020. 近代跨国精英的社交空间：上海的总会和俱乐部[J]. 华东师范大学学报(哲学社会科学版)，52(1)：137-145，199.

杜德斌，马亚华，2017. "一带一路"：全球治理模式的新探索[J]. 地理研究，36(7)：1203-1209.

方创琳，王振波，刘海猛，2019. 美丽中国建设的理论基础与评估方案探索[J]. 地理学报，74(4)：619-632.

方仁林，1986. 广州天河地区规划构思[J]. 城市规划(1)：43-47.

冯健，吴芳芳，2011. 质性方法在城市社会空间研究中的应用[J]. 地理研究，30(11)：1956-1969.

顾朝林，2017. 基于地方分权的城市治理模式研究：以新城新区为例[J]. 城市发展研究，24(2)：70-78.

顾朝林，C. 克斯特洛德，1997. 北京社会极化与空间分异研究[J]. 地理学报，52(5)：385-393.

郭明卓，蔡德道，1987. 广州天河体育中心[J]. 建筑学报(12)：6-18.

郭炎，2009. 广州天河城市中心区演进与开发体制研究[D]. 广州：中山大学.

韩言虎，杨艳，郑成华，2018. 丝绸之路经济带城市国际化水平测度模型与实证研究[J]. 管理世界，34(8)：180-181.

何波，2008. 北京市韩国人聚居区的特征及整合：以望京"韩国村"为例[J]. 城市问题(10)：59-64.

何深静，刘玉亭，2010. 市场转轨时期中国城市绅士化现象的机制与效应研究[J]. 地理科学，30(4)：496-502.

何深静，刘臻，2013. 亚运会城市更新对社区居民影响的跟踪研究：基于广州市三个社区的实证调查[J]. 地理研究，32(6)：1046-1056.

何曜，2017. 全球治理体系的权力结构变迁及启示[J]. 浙江学刊(3)：5-13.

胡毅，张京祥，2015. 中国城市住区更新的解读与重构：走向空间正义的空间生产[M]. 北京：中国建筑工业出版社.

黄宗仪，2004. 都市空间的生产：全球化的上海[J]. 台湾社会研究季刊(53)：61-83.

金凤君，姚作林，2021. 新全球化与中国区域发展战略优化对策[J]. 世界地理研究，30(1)：1-11.

黎相宜，周敏，2012. 跨国实践中的社会地位补偿：华南侨乡两个移民群体文化馈赠的比较研究[J]. 社会学研究，27(3)：182-202，245-246.

李国平，2000. 世界城市格局演化与北京建设世界城市的基本定位[J]. 城市发展研究，7(1)：12-16，78.

李国平，卢明华，2002. 北京建设世界城市模式与政策导向的初步研究[J]. 地理科学，22(3)：263-269.

李建芳，2017. 差异与认同：哈贝马斯全球治理思想研究：兼论哈贝马斯的后民族结构理论[J]. 学术前沿(16)：146-149.

李健，2011. 全球生产网络与大都市区生产空间组织[M]. 北京：科学出版社.

李倩菁，蔡晓梅，2015. 广州沙面空间的生产与重构[J]. 热带地理，35(6)：814-821.

李旭东，2017. 辅助性原则视野中的全球治理新领域及其分域治理方式[J]. 法治现代化研究，1(6)：168-181.

李艳，孙阳，姚士谋，2020. 一国两制背景下跨境口岸与中国全球城市区域空间联系：以粤港澳大湾区为例[J]. 地理研究，39(9)：2109-2129.

李志刚，杜枫，2012. "跨国商贸主义"下的城市新社会空间生产：对广州非裔经济区的实证[J]. 城市规划，36(8)：25-31.

李志刚，顾朝林，2011. 中国城市社会空间结构转型[M]. 南京：东南大学出版社.

李志刚，吴缚龙，高向东，2007. "全球城市"极化与上海社会空间分异研究[J]. 地理科学，27(3)：304-311.

李志刚，吴缚龙，薛德升，2006. "后社会主义城市"社会空间分异研究述评[J]. 人文地理，21(5)：1-5.

李志刚，薛德升，杜枫，等，2009. 全球化下"跨国移民社会空间"的地方响应：以广州小北黑人区为例[J]. 地理研究，28(4)：920-932.

李志刚，翟生雅，2019. "世界化"视角下中国城市空间生产的理论价值与实践经验[J]. 规划师，35(19)：13-17，31.

梁建章，2000. 网络社会的崛起[M]. 上海：上海交通大学出版社.

林耿，沈建萍，2011. 大城市健身消费与地方建构[J]. 地理学报，66(10)：1321-1331.

刘朝霞，2020. 第四消费时代的现代性反叛与田园想象：以李子柒海外走红为案例的分析[J]. 现代传播(中国传媒大学学报)，42(9)：60-67.

刘宏，2009. 当代华人新移民的跨国实践与人才环流：英国与新加坡的比较研究[J]. 中山大学学报(社会科学版)，49(6)：165-176.

刘卫东，Dunford M，高菠阳，2017. "一带一路"倡议的理论建构：从新自由主义全球化到包容性全球化[J]. 地理科学进展，36(11)：1321-1331.

刘卫东，宋周莺，刘志高，等，2018. "一带一路"建设研究进展[J]. 地理学报，73(4)：620-636.

刘晓博，2013. 都市生产性服务业发展研究[M]. 成都：西南财经大学出版社.

刘云刚，陈跃，2014. 广州日本移民族裔经济的形成及其社会空间特征[J]. 地理学报，69(10)：1533-1546.

刘云刚，周雯婷，黄徐璐，等，2017. 全球化背景下在华跨国移民社区的空间生产：广州远景路韩国人聚居区的案例研究[J]. 地理科学，37(7)：976-986.

刘志礼，魏晓文，2017. 经济全球化主体结构变革与全球治理创新[J]. 当代世界与社会主义(4)：93-100.

陆军，2011. 世界城市判别指标体系及北京的努力方向[J]. 城市发展研究，18(4)：16-23.

罗震东，何鹤鸣，2017. 新自下而上进程：电子商务作用下的乡村城镇化[J]. 城市规划，41(3)：31-40.

吕拉昌，2007. 全球城市理论与中国的国际城市建设[J]. 地理科学(4)：449-456.

吕拉昌，王建军，魏也华，2006. 全球化与新经济背景下的广州市空间结构[J]. 地理学报，61(8)：798-808.

吕丽，曾琪洁，陆林，2012. 上海世博会中国国内旅游者空间行为研究[J]. 地理科学，32(2)：186-192.

马润潮，2011. 中国地理学研究的"全球转向"[J]. 世界地理研究，20(2)：1-7.

曼纽尔·卡斯特，王志弘，2006. 流动空间[J]. 国外城市规划(5)：69-87.

梅琳，苏念，薛德升，2012. 广州跨国机构的时空过程及其动力因素研究[J]. 人文地理，27(1)：66-71.

梅琳，薛德升，2012. 世界城市中的跨国机构研究综述[J]. 地理科学进展，31(10)：1264-1273.

梅琳，薛德升，Frauke KRAAS，2014. 跨国机构与地方共同作用下的城市全球化：德国波恩的案例研究[J]. 地理学报，69(2)：156-168.

梅琳，吕方，龚胜生，2019. 武汉城市国际化过程中跨国机构引入的问题与对策[J]. 湖北社会科学(4)：62-66.

苗晓霞，2018. 新世纪乡土题材纪录片中的乡土中国形象研究[D]. 徐州：江苏师范大学.

宁越敏，1994. 世界城市的崛起和上海的发展[J]. 城市问题(6)：16-21.

宁越敏，2000. 上海市区生产服务业及办公楼区位研究[J]. 城市规划，24(8)：9-12，20.

宁越敏，2019. 世界城市研究和中国的世界城市建设[J]. 探索与争鸣(3)：8-10.

彼得·纽曼，安迪·索恩利，2012. 规划世界城市：全球化与城市政治[M]. 刘晔，译. 上海：上海人民出版社.

彭青，张骁鸣，曾国军，2009. 广交会与2010年亚运会对广州酒店空间格局的影响[J]. 地理科学，29(2)：154-160.

钱前，甄峰，王波，2013. 南京国际社区社会空间特征及其形成机制：基于对苜蓿园大街周边国际社区的调查[J]. 国际城市规划，28(3)：98-105.

邱灵，方创琳，2012. 生产性服务业空间集聚与城市发展研究[J]. 经济地理，32(11)：76-80.

余京学，2020. 打造具有全球影响力的科技创新中心[J]. 北京观察(12)：13.

沈丽珍，顾朝林，2009. 区域流动空间整合与全球城市网络构建[J]. 地理科学，29(6)：787-793.

沈悦，孙宝国，2019. "一带一路"视阈下中国梦的多维建构与全球想象：以纪录片跨文化传播为视角[J]. 云南社会科学(2)：174-181，187，189.

隋璐怡，2020. YouTube社交平台网红传播力分析：兼论李子柒海外走红的案例启示[J]. 国际传播(1)：78-87.

孙斌栋，魏旭红，王婷，2015. 洛杉矶学派及其对人文地理学的影响[J]. 地理科学，35(4)：402-409.

孙进，2006. 作为质的研究与量的研究相结合的"三角测量法"：国际研究回顾与综述[J]. 南京社会科学(10)：122-128.

孙九霞，周一，2014. 日常生活视野中的旅游社区空间再生产研究：基于列斐伏尔与德塞图的理论视角[J]. 地理学报，69(10)：1575-1589.

屠启宇，2018. 21世纪全球城市理论与实践的迭代[J]. 城市规划学刊(1)：41-49.

屠启宇，2019. 建设卓越的全球城市：新视野、新思维、新责任：以上海为例[J]. 探索与争鸣(3)：24-27.

王朝辉，何欢，夏巧云，等，2013. 重大事件对举办地旅游形象的影响：2010上海世博会为例[J]. 地理研究，32(6)：1155-1164.

王春光，2000. 巴黎的温州人：一个移民群体的跨社会建构行动[M]. 南昌：江西人民出版社.

王丰龙，刘云刚，2011. 空间的生产研究综述与展望[J]. 人文地理，26(2)：13-19，30.

王丰龙，刘云刚，2013. 空间生产再考：从哈维到福柯[J]. 地理科学，33(11)：1293-1301.

王金岩，吴殿廷，2007. 城市空间重构：从"乌托邦"到"辩证乌托邦"：大卫·哈维《希望的空间》的中国化解读[J]. 城市发展研究(6)：1-7.

王宁，2002. 代表性还是典型性?——个案的属性与个案研究方法的逻辑基础[J]. 社会学研究，17(5)：123-125.

王宁，2012. 消费全球化：视野分歧与理论重构[J]. 学术研究(8)：30-42.

王琼颖，2010. 政府导向与城市交通转型：魏玛繁荣时期的柏林城市交通发展[J]. 都市文化研究(1)：276-287.

王蕊，李银河，吕弼顺，2019. 朝鲜族的跨国迁移对移民迁出地社会空间的影响：以延吉市饮食街为例[J]. 云南地理环境研究，31(3)：38-44.

王晓升，2017. 现代性、现代主义和后现代主义：概念的梳理[J]. 华中科技大学学报(社会科学版)，31(5)：1-8.

王兴中，2009. 中国城市商娱场所微区位原理[M]. 北京：科学出版社.

魏立华，闫小培，2006. 有关"社会主义转型国家"城市社会空间的研究述评[J]. 人文地理，21(4)：7-12.

文嫦，宁奉菊，曾刚，2005. 上海国际社区需求特点和规划原则初探[J]. 现代城市研究，20(5)：17-21.

吴飞，2009. "空间实践"与诗意的抵抗：解读米歇尔·德塞图的日常生活实践理论[J]. 社会学研究，24(2)：177-199，245-246.

吴缚龙，2006. 中国的城市化与"新"城市主义[J]. 城市规划，30(8)：19-23，30.

吴缚龙，2008. 超越渐进主义：中国的城市革命与崛起的城市[J]. 城市规划学刊(1)：18-22.

吴志强，2004. 都市缝合：20 年柏林和上海规划设计分析的都市发展空间意义透视[J]. 时代建筑(3)：48-53.

吴志强，2008. 重大事件：机遇和创新[J]. 城市规划，32(12)：9-11，48.

谢守红，宁越敏，2004. 世界城市研究综述[J]. 地理科学进展，23(5)：56-66.

辛静，叶倩倩，2020. 国际社交媒体平台中国文化跨文化传播的分析与反思：以 YouTube 李子柒的视频评论为例[J]. 新闻与写作(3)：17-23.

徐樱，2018. 从区域到全球：跨国网络视野下的新加坡潮人社团与跨国社会空间[J]. 贵州民族研究，39(2)：62-68.

许鑫，汪阳，2017. 中国全球城市构建的三维逻辑：制度环境、区位引力与空间正义[J]. 经济与管理研究，38(9)：36-44.

薛德升，黄耿志，翁晓丽，等，2010. 改革开放以来中国城市全球化的发展过程[J]. 地理学报，65(10)：1155-1162.

薛德升，黄鹤绵，2013. 关于世界城市研究的两场争论及其对相关研究的影响[J]. 地理科学进展，32(8)：1177-1186.

薛德升，黄鹤绵，王阳，2014. 历史时期全球化作用下的城市空间转变：以 1890s～1930s 广州东山地区为例[J]. 地理科学，34(6)：687-695.

薛德升，梁家健，黄耿志，2016. 全球化与广州跨国机构的空间分布演变与特征(1949—2012 年)[J]. 城市规划，40(10)：44-51，64.

薛德升，王立，2014. 1978 年以来中国城市地理研究进展[J]. 地理学报，69(8)：1117-1129.

阎小培，马跃东，崔晓，2002. 广州 CBD 的交通特征与交通组织研究[J]. 城市规划，26(3)：78-82.

杨小迪，吴志强，2000. 波茨坦广场城市设计过程述评[J]. 国外城市规划(1)：40-42.

杨永春，2015. 中国模式：转型期混合制度"生产"了城市混合空间结构[J]. 地理研究，34(11)：2021-2034.

杨宇振, 2009. 权力, 资本与空间: 中国城市化 1908—2008 年: 写在《城镇乡地方自治章程》颁布百年[J]. 城市规划学刊(1): 62-73.

杨宇振, 2014. 新型城镇化中的空间生产: 空间间性、个体实践与资本积累[J]. 建筑师(4): 39-47.

姚贤镐, 1962. 中国近代对外贸易史资料: 1840—1895[M]. 北京: 中华书局.

叶超, 柴彦威, 2011. 城市空间的生产方法论探析[J]. 城市发展研究, 18(12): 86-89.

殷洁, 张京祥, 罗小龙, 2006. 转型期的中国城市发展与地方政府企业化[J]. 城市问题(4): 36-41.

于涛, 张京祥, 罗小龙, 2011. 城市大事件营销的空间效应: 研究进展及思考[J]. 城市发展研究, 18(2): 94-100.

袁奇峰, 2009. 广州: 一个善用体育事件的大城市[J]. 北京规划建设(2): 77-79.

袁奇峰, 李少云, 林木子, 等, 2000. 广州环市东路城市广场设计探寻[J]. 建筑学报(3): 56-60.

袁雁, 2008. 全球化视角下的城市空间研究: 以上海郊区为例[M]. 北京: 中国建筑工业出版社.

袁媛, 许学强, 2008. 广州市城市贫困空间分布、演变和规划启示[J]. 城市规划学刊(4): 87-91.

袁媛, 吴缚龙, 许学强, 2009. 转型期中国城市贫困和剥夺的空间模式[J]. 地理学报, 64(6): 753-763.

张京祥, 邓化媛, 2009. 解读城市近现代风貌型消费空间的塑造: 基于空间生产理论的分析视角[J]. 国际城市规划, 23(1): 43-47.

张京祥, 唐爽, 何鹤鸣, 2021. 面向创新需求的城市空间供给与治理创新[J]. 城市规划, 45(1): 9-19, 29.

张京祥, 殷洁, 罗小龙, 2006. 地方政府企业化主导下的城市空间发展与演化研究[J]. 人文地理, 21(4): 1-6.

张京祥, 于涛, 陆枭麟, 2013. 全球化时代的城市大事件营销效应: 基于空间生产视角[J]. 人文地理, 28(5): 1-5.

张京祥, 于涛, 殷洁, 2008. 试论营销型城市增长策略及其效应反思: 基于城市增长机器理论的分析[J]. 人文地理, 24(3): 7-11.

张敏, 熊帼, 2013. 基于日常生活的消费空间生产: 一个消费空间的文化研究框架[J]. 人文地理, 28(2): 38-44.

赵力, 2004. 德国柏林波茨坦广场的城市设计[J]. 时代建筑(3): 118-123.

赵新正, 宁越敏, 魏也华, 2011. 上海外资生产空间演变及影响因素[J]. 地理学报, 66(10): 1390-1402.

赵晔琴, 2018. 族裔经济的跨国建构与族群聚居的地方空间生产: 基于对浙江省义乌市外籍商人的访谈[J]. 浙江学刊, (3): 72-81.

郑伯红, 2003. 现代世界城市网络化模式研究[D]. 上海: 华东师范大学.

郑时龄, 2004. 上海与柏林: 处于永恒变化中的国际城市[J]. 时代建筑(3): 28-31.

周菲, 2009. 广州市天河商业中心区形成机制探讨[J]. 南方建筑(1): 78-81.

周尚意, 2007. 社会文化地理学中小区域研究的意义[J]. 世界地理研究(4): 41-46.

周尚意, 苏娴, 陈海明, 2019. 地方性知识与空间治理: 以苏州东山内圩治理为例[J]. 地理研究, 38(6): 1333-1342.

周尚意, 吴莉萍, 张瑞红, 2015. 浅析节事活动与地方文化空间生产的关系: 以北京前门—大栅栏地区节事活动为例[J]. 地理研究, 34(10): 1994-2002.

周卫华, 1999. 重建柏林: 联邦政府区和波茨坦广场[J]. 世界建筑(10): 26-31.

周雯婷, 刘云刚, 2015. 上海古北地区日本人聚居区族裔经济的形成特征[J]. 地理研究, 34(11): 2179-2194.

周振华, 2008. 崛起中的全球城市: 理论框架及中国模式研究[M]. 上海: 上海人民出版社.

朱竑, 封丹, 王彬, 2008. 全球化背景下城市文化地理研究的新趋势[J]. 人文地理, 23(2): 6-10.

诸大建, 2019. 3.0 升级版: 全球城市的双元竞争力概念模型[J]. 探索与争鸣(3): 15-19.

Abbott L M, 2016. The conceptual public sphere and its problems: Habermas, political action and the Arab states[J]. Journal of International Political Theory, 12(3): 365-379.

Amin A, 2002. Spatialities of globalisation[J]. Environment and Planning A: Economy and Space, 34(3): 385-399.

Amin A, Thrift N, 1995. Globalization, Institutions, and Regional Development in Europe[M]. Oxford: Oxford University Press.

An N, Wang M, Zhu H, 2023. The geopolitics of a female Chinese migrant charity network in Zimbabwe: Insights from Love in Africa[J]. Social & Cultural Geography, 24(7): 1262-1280.

Andrews N, 2019. Normative spaces and the UN Global Compact for transnational corporations: The norm diffusion paradox[J]. Journal of International Relations and Development, 22(1): 77-106.

Anievas A, 2012. Marxism and world politics: Contesting global capitalism[M]. London; New York: Routledge.

Anschütz S, 2022. Extraordinary everydayness: Young people's affective engagements with the country of origin through digital media and transnational mobility[J]. Global Networks, 22(3): 483-498.

Arandelovic B, Bogunovich D, 2014. City profile:Berlin[J]. Cities, 37: 1-26.

Bader I, Scharenberg A, 2010. The sound of Berlin: Subculture and the global music industry[J]. International Journal of Urban and Regional Research, 34(1): 76-91.

Beaverstock J V, 1994. Re-thinking skilled international labour migration: World cities and banking organisations[J]. Geoforum, 25(3): 323-338.

Beaverstock J V, 2002. Transnational elites in global cities: British expatriates in Singapore's financial district[J]. Geoforum, 33(4): 525-538.

Beaverstock J V, Boardwell J T, 2000. Negotiating globalization, transnational corporations and global city financial centres in transient migration studies[J]. Applied Geography, 20(3): 277-304.

Beaverstock J V, Smith R G, Taylor P J, 1999. A roster of world cities[J]. Cities, 16(6): 445-458.

Beaverstock J V, Smith R G, Taylor P J, et al., 2000. Globalization and world cities: Some measurement methodologies[J]. Applied Geography, 20(1): 43-63.

Becker R, 2019. Occupational experiences of high-skilled intra-EU immigrants in a transnational space? How European physicians in Germany perceive their career prospects[J]. Population, Space and Place, 25(7): e2245.

Benton-Short L, Price M D, Friedman S, 2005. Globalization from below: The ranking of global immigrant cities[J]. International Journal of Urban and Regional Research, 29(4): 945-959.

Berger P L, Huntington S P, 2002. Many Globalizations: Cultural Diversity in the Contemporary World[M]. Oxford: Oxford University Press.

Björkdahl A, Kappler S, 2019. The creation of transnational memory spaces: Professionalization and commercialization[J]. International Journal of Politics, Culture, and Society, 32(4): 383-401.

Borer M. I, 2006. Varieties of Urban Experience: The American City and the Practice of Culture[M]. Lanham: University Press of America.

Božić S, Kuti S, 2016. New international borders–old social spaces: Transnational migrant networks across the boundaries of post-socialist Croatia[J]. Österreichische Zeitschrift für Soziologie, 41(4): 409-426.

Brenner N，2001. World city theory，globalization and the comparative-historical method-Reflections on Janet Abu-Lughod's interpretation of contemporary urban restructuring[J]. Urban Affairs Review，37(1)：124-147.

Bridge G，1995. The space for class? On class analysis in the study of gentrification[J]. Transactions of the Institute of British Geographers，20(2)：236-247.

Burgers J，Touburg G，2013. International mobility of professional knowledge from the Global South：Indian IT workers in the Netherlands[J]. Global Networks，13(4)：517-534.

Carpenter J，Lees L，1995. Gentrification in New York，London and Paris：An international comparison[J]. International Journal of Urban and Regional Research，19(2)：286-303.

Carroll W K，2010. The Making of a Transnational Capitalist Class：Corporate Power in the 21st Century[M]. London：Bloomsbury Publishing.

Carroll W K，Carson C，2003. The network of global corporations and elite policy groups：A structure for transnational capitalist class formation? [J]. Global Networks，3(1)：29-57.

Castells M，2010. The Rise of the Network Society. Chichester[M]. West Sussex：Wiley-Blackwell.

Caygill H，2013. The Futures of Berlin's Potsdamer Platz，The limits of globalization[M]. London，New York：Routledge.

Chambers D S，Sarkissian S，Schill M J，2018. Market and regional segmentation and risk premia in the first era of financial globalization[J]. The Review of Financial Studies，31(10)：4063-4098.

Chatterton P. Hollands R，2002. Theorising urban playscapes：Producing，regulating and consuming youthful nightlife city spaces[J]. Urban Studies，39(1)：95-116.

Chen X M，2004. Globalization，(Sub) regional integration，and local transformation in the Asia-Pacific：A comparative and synthetic framework[C]. Article Presented at Regional Workshop on Sharing Expertise and Experiences in Regional Cooperation，ADB Institute，Tokyo，Japan，December.

Chen X，2005. As Borders Bend：Transnational Spaces on the Pacific Rim[M]. Washington：Rowman & Littlefield Publishers.

Chong Z H，Pan S，2020. Understanding the structure and determinants of city network through intra-firm service relationships：The case of Guangdong-Hong Kong-Macao Greater Bay Area[J]. Cities，103(2)：101-104.

Chu N C，Zhang P Y，Li H，2019. Transnational economic connection analysis based on railway class accessibility between China and Russia[J]. Chinese Geographical Science，29(5)：872-886.

Clark E，1992. On blindness，centrepieces and complementarity in gentrification theory[J]. Transactions of the Institute of British Geographers，17(3)：358-362.

Cochrane A，Jonas A，1999. Reimagining Berlin：World city，national capital or ordinary place?[J]. European Urban and Regional Studies，6(2)：145-164.

Colomb C，2012. Pushing the urban frontier：Temporary uses of space，city marketing，and the creative city discourse in 2000s Berlin[J]. Journal of Urban Affairs，34(2)：131-152.

Conway D，Cohen J H，2003. Local dynamics in multi-local，transnational spaces of rural Mexico：Oaxacan experiences[J]. International Journal of Population Geography，9(2)：141-161.

Cresswell T, 2013. Place: A Short Introduction[M]. NewYork: John Wiley and Sons.

Crump J, 2002. Deconcentration by demolition: Public housing, poverty, and urban policy[J]. Environment and Planning D: Society and Space, 20(5): 581-596.

Denzin N, Lincoln Y, Giardina M D, 2003. Introduction: The discipline and practice of qualitative research[J]. Handbook of Qualitative Research: 1-29.

Denzin N K, Lincoln Y S, 2011. The SAGE Handbook of Qualitative Research[M]. New York: Sage.

Derudder B, Taylor P J, Hoyler M, et al., 2013. Measurement and interpretation of connectivity of Chinese cities in world city network, 2010[J]. Chinese Geographical Science, 23(3): 261-273.

Devadason R, McKechnie R, 2022. Deterritorialized careers, ageing and the life course[J]. Mobilities, 17(4): 529-544.

DiGaetano A, Strom E, 2003. Comparative urban governance: An integrated approach[J]. Urban Affairs Review, 38(3): 356-395.

Eade J, 2003. Living the Global City: Globalization as Local Process[M]. London; New York: Routledge.

Ebner A, 2007. Public policy, governance and innovation: entrepreneurial states in East Asian economic development[J]. International Journal of Technology and Globalisation, 3(1): 103-124.

Eizenberg E, 2012. The changing meaning of community space: Two models of NGO management of community gardens in New York City[J]. International Journal of Urban and Regional Research, 36(1): 106-120.

Ellger C, 1992. Berlin: legacies of division and problems of unification[J]. Geographical Journal, 158(1): 40-46.

Fainstein S S, 2008. Mega-projects in New York, London and Amsterdam[J]. International Journal of Urban and Regional Research, 32(4): 768-785.

Faist T, 1998. Transnational social spaces out of international migration: Evolution, significance and future prospects[J]. European Journal of Sociology, 39(2): 213-247.

Faist T, 2000. The volume and dynamics of international migration and transnational social spaces[J]. Social Forces, 79(2): 793.

Firley E, Grön K, 2014. The Urban Masterplanning Handbook[M]. New York: John Wiley & Sons.

Franzén M, 2005. New social movements and gentrification in Hamburg and Stockholm: A comparative study[J]. Journal of Housing and the Built Environment, 20(1): 51-77.

Friedmann J, 1986. The world city hypothesis[J]. Development and Change, 17(1): 69-83.

Friedmann J, 2001. World cities revisited: A comment[J]. Urban Studies, 38(13): 2535-2536.

Friedmann J, Wolff G, 1982. World city formation: An agenda for research and action[J]. International Journal of Urban and Regional Research, 6(3): 309-344.

Fuchs C, 2007. Transnational space and the'network society'[J]. Twenty-First Century Society, 2(1): 49-78.

Goebel R J, 2004. "book-review"present pasts: Urban palimpsests and the politics of memory[J]. The German Quarterly, 77(1): 118-121.

Galis V, Makrygianni V. 2022. Analog flows in digital worlds: 'Migration multiples' and digital heterotopias in Greek territory[J]. Political Geography, 95: 102599.

George C S L, 2011. Urban China in transformation: Hybrid economy, juxtaposed space, and new testing ground for geographical enquiries[J]. Chinese Geographical Science，21（1）：1-16.

Goh D P，Lee A，2022. Migrant worker recreational centres，accidental diversities and new relationalities in Singapore[J]. Urban Studies，59（16）：3312-3329.

Goix R L，Vesselinov E，2013. Gated communities and house prices：Suburban change in southern California，1980-2008[J]. International Journal of Urban and Regional Research，37（6）：2129-2151.

Goix R L，Vesselinov E，2015. Inequality shaping processes and gated communities in US western metropolitan areas[J]. Urban Studies，52（4）：619-638.

Gornig M，Häussermann H，2002. Berlin：Economic and spatial change[J]. European Urban and Regional Studies，9（4）：331-341.

Graham S，2000. Constructing premium network spaces：Reflections on infrastructure networks and contemporary urban development[J]. International Journal of Urban and Regional Research，24（1）：183-200.

Hall P G，1984. The World Cities[M]. London：Weidenfeld and Nicolson.

Hamnett C，1994. Social polarisation in global cities：Theory and evidence[J]. Urban Studies，31（3）：401-424.

Hamnett C，2003. Unequal City：London in the Global Arena[M]. Philadelphia：Psychology Press.

Handel A，2014. Gated/gating community：The settlement complex in the West Bank[J]. Transactions of the Institute of British Geographers，39（4）：504-517.

Harvey D，2000. Spaces of Hope[M]. Berkeley：University of California Press.

Harvey D，Braun B，1996. Justice，Nature and the Geography of Difference[M]. Hoboken：Wiley Online Library.

Häußermann H，1997. Social transformation of urban space in Berlin since 1990. Cities in transformation–transformation in cities[J]. Social and Symbolic Change of Urban Spaces，20（1）：80-97.

He S J，Qian J X，2016. From an emerging market to a multifaceted urban society：Urban China studies[J]. Urban Studies，54（4）：827-846.

He S J，Kong L，Lin G C S，2017. Interpreting China's new urban spaces：State，market，and society in action[J]. Urban Geography，38（5）：635-642.

Henry N，McEwan C，Pollard J，2002. Globalization from below：Birmingham–postcolonial workshop of the world?[J]. Area，34（2）：117-127.

Jackson P，Crang P，Dwyer C，2004. Transnational Spaces[M]. London：Routledge.

Johnston R J，Watts M J，2002. Geographies of Global Change：Remapping the World（revised and extended）[M]. Oxford：Blackwell Publishers.

Jones A，2002. The 'global city' misconceived：The myth of 'global management' in transnational service firms[J]. Geoforum，33（3）：335-350.

Keating P，2001. New urban domains：Potsdamer platz[J]. Journal of Contemporary Central and Eastern Europe，9（1）：78-84.

Keidar N，Silver D，2022. The space of ideas：Public art policy and the concept of urban model spaces[J]. Journal of Urban Affairs，46（1）：196-219.

King A，2006. World Cities：Global? Postcolonial? Postimperial? Or Just the Result of Happenstance?[J]. Some Cultural

Comments，10(1)：319-324.

Knox P L，Pinch S，2006. Urban Social Geography：An Introduction[M]. New York：Pearson Education.

Korcelli-Olejniczak，E.，2007. Berlin and Warsaw：In search of a new role in the European urban system[J]. Journal of Housing and the Built Environment，22(1)：51-68.

Kramer R，2010. Moral panics and urban growth machines：Official reactions to graffiti in New York city，1990—2005[J]. Qualitative Sociology，33(3)：297-311.

Krätke S，2001. Berlin：Towards a global city? [J]. Urban Studies，38(10)：1777-1799.

Krätke S，Taylor J P，2007. A World geography of global media cities[J]. Europeun Planning Studies，12(4)：459-477.

Kulz C，2019. Spaces of the local，spaces of the nation：Intersectional bordering practices in post-Brexit Berlin[J]. European Urban and Regional Studies，30(3)：221-234.

Landolt P，2001. Salvadoran economic transnationalism：Embedded strategies for household maintenance，immigrant incorporation，and entrepreneurial expansion[J]. Global Networks，1(3)：217-242.

Lazega E，Quintane E，Casenaz S，2017. Collegial oligarchy and networks of normative alignments in transnational institution building[J]. Social Networks，48：10-22.

Lefebvre H，1991. The Production of Space[M]. Oxford：Blackwell.

Lehrer U，2002. Image Production and Globalization：City-building Processes at Potsdamer Platz. Unpublished PhD Dissertation，Department of Urban Planning[M]. Los Angeles：University of California.

Lehrer U，2003. The spectacularization of the building process：Berlin，Potsdamer Platz[J]. Genre，36(3-4)：383-404.

Lehrer U，2006. Willing the Global City：Berlin's Cultural Strategies of Interurban Competition after 1989. The Global Cities Reader[M]. New York：Routledge.

Ley D，1999. Myths and meanings of immigration and the metropolis[J]. Géographe Canadien，43(1)：2-19.

Ley D，2004. Transnational spaces and everyday lives[J]. Transactions of the Institute of British Geographers，29(2)：151-164.

Ley D，2011. Millionaire Migrants：Trans-Pacific Life Lines[M]. New Jersey：John Wiley and Sons.

Ley D，Kobayashi A，2005. Back to Hong Kong：Return migration or transnational sojourn?[J]. Global Networks，5(2)：111-127.

Li C S，Huang T Y M，2014. Culture governance of the new economic human：The entrepreneurial biography in contemporary China[J]. Positions-Asia Critique，22(4)：877-906.

Li Z G，Ma L J C，Xue D S，2009. An African enclave in China：The making of a new transnational urban space[J]. Eurasian Geography and Economics，50(6)：699-719.

Liu Y C，2012. From Los Angeles to Shanghai：Testing the applicability of five urban paradigms[J]. International Journal of Urban and Regional Research，36(6)：1127-1145.

Lo K，Wang M，2013. The development and localisation of a foreign gated community in Beijing[J]. Cities，30：186-192.

Logan J，2011，The new Chinese City：Globalization and Market Reform[M]. New Jersey：John Wiley & Sons.

Loughran K，2014. Parks for profit：The high line，growth machines，and the uneven development of urban Public spaces[J]. City and Community，13(1)：49-68.

Ma X, Timberlake M, 2013. World city typologies and national city system deterritorialisation: USA, China and Japan[J]. Urban Studies, 50(2): 255-275.

Machimura T, 1992. The urban restructuring process in Tokyo in the 1980s: Transforming Tokyo into a world city[J]. International Journal of Urban and Regional Research, 16(1): 114-128.

MacLeod G, 2011. Urban politics reconsidered: Growth machine to post-democratic city?[J]. Urban Studies, 48(12): 2629-2660.

Mady C, 2017. Global cities, Local streets: Everyday diversity from New York to Shanghai[J]. Urban Research and Practice, 10(4): 483-484.

Magliocca N R, Summers D S, Curtin K M, et al., 2022. Shifting landscape suitability for cocaine trafficking through Central America in response to counterdrug interdiction[J]. Landscape and Urban Planning, 221: 104359.

Marcuse P, 1989. 'Dual city': A muddy metaphor for a quartered city[J]. International Journal of Urban and Regional Research, 13(4): 697-708.

Marcuse P, Kempen R V, 2000. Globalizing Cities: A New Spatial Order[M]. London and Cambridge: Blackwell Publishers.

Markus H L, Bastian, 2013. Paradoxes of the creative city[J]. Contested Territories and Creative Upgrading-the Case of Berlin, Germany, 143(4): 351-371.

Martinez R, 2022. Urban water governance as policy boosterism: Seoul's legitimation at the local and global scale[J]. Urban Studies, 60(2): 325-342.

Massey D S, Arango J, Hugo G, et al., 1993. Theories of international migration: A review and appraisal[J]. Population and Development Review, 19(3): 431-466.

Mayer M, 2008. To what end do we theorize sociospatial relations? [J]. Environment and Planning D: Society and Space, 26(3): 414-419.

Mikler J, 2008. Entrepreneurial states: Reforming corporate governance in France, Japan and Korea[J]. Governance-an International Journal of Policy Administration and Institutions, 21(4): 609-612.

Milan C, 2022. From the streets to the town halls: Municipalist platforms in the post-Yugoslav space[J]. Urban Studies, 60(11): 2158-2175.

Mollenkopf J H, 1983. The Contested City[M]. New Jersey: Princeton University Press.

Mollenkopf J H, Castells M, 1991. Dual City: Restructuring New York[M]. New York: Russell Sage Foundation.

Molotch H, 1976. The city as a growth machine: Toward a political economy of place[J]. American Journal of Sociology, 82(2): 309-332.

Morgan G, 2001. Transnational communities and business systems[J]. Global Networks, 1(2): 113-130.

Müller T R, 2022. Transnational lived citizenship turns local: Covid-19 and Eritrean and Ethiopian diaspora in Nairobi[J]. Global Networks:A Journal of Transnational Affairs, 23(1): 106-119.

Murray J, 2014. Evidence of a transnational capitalist class–for–itself: The determinants of PAC activity among foreign firms in the Global Fortune 500, 2000–2006[J]. Global Networks, 14(2): 230-250.

Neal Z, 2013. Brute force and sorting processes: Two perspectives on world city network formation[J]. Urban Studies,

50(6)：1277-1291.

Öcal D K，Gökariksel B，2022. Grounding religious geopolitics：The everyday counter-geopolitical practices of Turkish mosque communities in Germany[J]. Geoforum，129：151-160.

Olds K，1997. Globalizing Shanghai：The 'Global Intelligence Corps' and the building of Pudong[J]. Cities，14(2)：109-123.

O' Neill P M，M'Guirk P，2003. Reconfiguring the CBD：Work and discourses of design in Sydney' s office space[J]. Urban Studies，40(9)：1751-1767.

Ortega A A C，2022. Bodies of transnational island urbanism：Spatial narratives of inclusion/exclusion of Filipinas in Philippine islands[J]. Urban Studies，59(16)：3365-3381.

Østergaard-Nielsen K E，2001. Transnational political practices and the receiving state：Turks and Kurds in Germany and the Netherlands[J]. Global Networks，1(3)：261-282.

Orueta F D，Fainstein S S，2008. The new mega-projects：Genesis and impacts[J]. International Journal of Urban and Regional Research，32(4)：759-767.

Parnreiter C，2015. Managing and governing commodity chains：the role of producer service firms in the secondary global city of Hamburg[J]. DIE ERDE：Journal of the Geographical Society of Berlin，146(1)：1-15.

Parnreiter C，Oßenbrügge J，Haferburg C，2013. Shifting corporate geographies in global cities of the South：Mexico City and Johannesburg as case studies[J]. DIE ERDE：Journal of the Geographical Society of Berlin，144(1)：1-16.

Patrick G，1915. Cities in Evolution[M]. London：William & Norgate Ltd.

Pereira R A O，Derudder B，2010. Determinants of dynamics in the world City network，2000-2004[J]. Urban Studies，47(9)：1949-1967.

Pernicka S，Lahusen C，2018. Power and counter power in Europe. The transnational structuring of social spaces and social fields[J]. Österreichische Zeitschrift für Soziologie，43(1)：1-11.

Pirker P，Kramer J，Lichtenwagner M，2019. Transnational memory spaces in the making：World war II and holocaust remembrance in vienna[J]. International journal of politics Culture，and Society，32(4)：439-458.

Poon J P H，Thompson E R，2003. Developmental and quiescent subsidiaries in the Asia Pacific：Evidence from Hong Kong，Singapore，Shanghai，and Sydney[J]. Economic Geography，79(2)：195-214.

Poros M V，2001. The role of migrant networks in linking local labour markets：The case of Asian Indian migration to New York and London[J]. Global Networks，1(3)：243-260.

Pow C P，2011. Living it up：Super-rich enclave and transnational elite urbanism in Singapore[J]. Geoforum，42(3)：382-393.

Presas L，2004. Transnational urban spaces and urban environmental reforms：Analyzing Beijing's environmental restructuring in the light of globalization[J]. Cities，21(4)：321-328.

Pries L，2013. Ambiguities of global and transnational collective identities[J]. Global Networks，13(1)：22-40.

Pries L，2019. The momentum of transnational social spaces in Mexico-US-migration[J].Comparative Migration Studies，7(1)：34.

Radice H，2011. Book review：Marxism and world politics：Contesting global capitalism，by Alexander Anievasced.[J].

Capital & Class，35（3）：487-488.

Rao V，2006. Slum as theory：The South/Asian city and globalization[J]. International Journal of Urban and Regional Research，30（1）：225-232.

Ren X，2011. Building globalization：Transnational architecture production in urban China[M]. Chicago：University of Chicago Press.

Rhodes J，Kan A，1971. Office Dispersal and Regional Policy[M]. Cambridge：Cambridge University Press.

Richter M，Nollert M，2014. Transnational networks and transcultural belonging：A study of the Spanish second generation in Switzerland[J]. Global Networks，14（4）：458-476.

Robinson J，2016. Thinking cities through elsewhere：Comparative tactics for a more global urban studies[J]. Progress in Human Geography，40（1）：3-29.

Robinson W，Harris J，2000. Towards a global ruling class? Globalization and the transnational capitalist class[J]. Science and Society，64（1）：11-54.

Rodima-Taylor D，Grimes W W，2019. Virtualizing diaspora：New digital technologies in the emerging transnational space[J]. Global Networks：A Journal of Transnational Affairs，19（3）：349-370.

Ryan L，Mulholland J，2014. French connections：The networking strategies of French highly skilled migrants in London[J]. Global Networks，14（2）：148-166.

Sassen S，1999. Globalization and its discontents：Essays on the new mobility of people and money[J]. Social Forces，77（3）：1197-1198.

Sassen S，2000. The global city：Strategic site/new frontier[J]. American Studies，41（2）：79-95.

Sassen S，2001. The global city：New York，London，Tokyo[M]. Princeton：Princeton University Press.

Sassen S，2002. Locating cities on global circuits[J]. Environment and Urbanization，14（1）：13-30.

Sassen S，2007. Deciphering the Global：Its Scales，Spaces and Subjects[M]. New York：Routledge.

Sassen S，Roost F，1999. The city：Strategic Site for the Global Entertainment Industry[M]. New Haven：Yale University Press.

Scott A J，Agnew J，Soja E W，et al.，2001. Global City-regions：An Overview[M]. New York：Oxford University Press.

Shatkin G，2007. Global cities of the South：Emerging perspectives on growth and inequality[J]. Cities，24（1）：1-15.

Sheppard E，2002. The spaces and times of globalization：Place，scale，networks，and positionality[J]. Economic Geography，78（3）：307-330.

Short J R，2001. Global Dimensions：Space，Place and the Contemporary World[M]. London：Reaktion Books.

Simon K M，2019. Review：International policy diffusion and participatory budgeting：Ambassadors of participation，international institutions and transnational networks，by Osmany Porto de oliveira[J]. Journal of Planning Education and Research，41（4）：502-504.

Sklair L，2001. Transnational Capitalist Class[M]. Hoboken：Wiley Online Library.

Sklair L，2002. The transnational capitalist class and global politics：Deconstructing the corporate-State connection[J]. International Political Science Review，23（2）：159-174.

Sklair L，2005. The transnational capitalist class and contemporary architecture in globalizing cities[J]. International

Journal of Urban and Regional Research, 29(3): 485-500.

Smith D A, Timberlake M F, 2001. World city networks and hierarchies, 1977-1997: An empirical analysis of global air travel links[J]. American Behavioral Scientist, 44(10): 1656-1678.

Smith D P, Bailey A J, 2004. Linking transnational migrants and transnationalism[J]. Population, Space and Place, 10(5): 357-360.

Smith J, Wiest D, 2005. The uneven geography of global civil society: National and global influences on transnational association[J]. Social Forces, 84(2): 621-652.

Smith M P, 2000. Transnational Urbanism: Locating Globalization[M]. New Jersey: Wiley-Blackwell.

Smith N, 2002. New globalism, new urbanism: Gentrification as global urban strategy[J]. Antipode, 34(3): 427-450.

Smith R G, 2003. World city topologies[J]. Progress in Human Geography, 27(5): 561-582.

Soja E W, 1996. Thirdspace: Journeys to Los Angeles and other real-and-imagined places[M]. Oxford: Blackwell.

Song K Y, 2015. Between global dreams and national duties: The dilemma of conscription duty in the transnational lives of young Korean males[J]. Global Networks, 15(1): 60-77.

Stephen M D, 2014. Rising powers, global capitalism and liberal global governance: A historical materialist account of the BRICs challenge[J]. European Journal of International Relations, 20(4): 912-938.

Tanulku B, 2013. Gated communities: Ideal packages or processual spaces of conflict?[J]. Housing Studies, 28(7): 937-959.

Tarrow S, 2001. Transnational politics: Contention and institutions in international politics[J]. Annual Review of Political Science, 4(1): 1-20.

Van Kempen E T, 1994. The dual city and the poor: Social polarisation, social segregation and life chances[J]. Urban Studies, 31(7): 995-1015.

Vertovec S, 2004. Migrant transnationalism and modes of transformation[J]. International Migration Review, 38(3): 970-1001.

Wahlbeck Ö, 2015. The finnish and Swedish migration dynamics and transnational social spaces[J]. Mobilities, 10(1): 100-118.

Waiganjo A G, 2018. Coping mechanisms in navigating xenophobia-afrophobia-related challenges within the transnational space: Case of Somali Refugee women in Gauteng, South Africa[J]. Journal of International Migration and Integration, 19(3): 649-666.

Wallerstein I, 1983. The integration of the national liberation movement in the field of international liberation[J]. Contemporary Marxism(6): 166-171.

Ward J, 2004. Berlin, the virtual global city[J]. Journal of Visual Culture, 3(2): 239-256.

Warf B, 2015. Global cities, cosmopolitanism, and geographies of tolerance[J]. Urban Geography, 36(6): 927-946.

Watters R F, McGee T G, 1997. Asia-Pacific: new geographies of the Pacific Rim[M]. London: Hurst & Co.

Wei Y D, Jia Y J, 2003. The geographical foundations of local state initiatives: Globalizing Tianjin, China[J]. Cities, 20(2): 101-114.

Wei Y D, Leung C K, Luo J, 2006. Globalizing Shanghai: Foreign investment and urban restructuring[J]. Habitat

International，30(2)：231-244.

Whitley R，2003. Changing Transnational Institutions and the Management of International Business Transactions[M]. Cheltenham：Edward Elgar Publishing Ltd.

Whitt J A，1987. Mozart in the metropolis：The arts coalition and the urban growth machine[J]. Urban Affairs Review，23(1)：15-36.

Wu F L，2016. China's emergent city-region governance：A new form of state spatial selectivity through state-orchestrated rescaling[J]. International Journal of Urban and Regional Research，40(6)：1134-1151.

Wu F L，Ma L J C，2006. Transforming China's globalizing cities[J]. Habitat International，30(2)：191-198.

Xue D S，Wu F L，2015. Failing entrepreneurial governance：From economic crisis to fiscal crisis in the city of Dongguan，China[J]. Cities，43(2)：10-17.

Yamamura S，2022. From global city makers to global city-shapers：Migration industries in the global city networks[J]. Urban Studies，59(11)：2234-2254

Yeung H W C，1997. Business networks and transnational corporations：A study of Hong Kong firms in the ASEAN region[J]. Economic Geography，73(1)：1-25.

Yeung H W C，1998. Capital，state and space：Contesting the borderless world[J]. Transactions of the Institute of British Geographers，23(3)：291-309.

Yu J R，2023. Mobile educational space and imaginative travellers in-situ：A case study of a UK international branch campus in China[J]. Social & Cultural Geography，24(8)：1342-1361.

Yue A，Leung H H S，2017. Notes towards the queer Asian city：Singapore and Hong Kong[J]. Urban Studies，54(3)：747-764.

Zacharias J，Yang W H，2016. A short history of the Chinese central business district[J]. Planning Perspectives，31(4)：611-633.

Zhang M，Wu W P，Yao L，et al.，2014. Transnational practices in urban China：Spatiality and localization of western fast food chains[J]. Habitat International，43(1)：22-31.

Zhao M X，Liu X，Derudder B，et al.，2015. Mapping producer services networks in mainland Chinese cities[J]. Urban Studies，52(16)：3018-3034.

Zhou M，2010. Chinatown：The Socioeconomic Potential of an Urban Enclave[M]. Philadelphia：Temple University Press.

Zhou M，Logan J R，1989. Returns on human capital in ethic enclaves：New York City's Chinatown[J]. American Sociological Review，54(5)：809-820.

Zhou M，Logan J R，1991. In and out of Chinatown：Residential mobility and segregation of New York City's Chinese[J]. Social Forces，70(2)：387-407.

Zukin S，2009. Changing landscapes of power：Opulence and the urge for authenticity[J]. International Journal of Urban and Regional Research，33(2)：543-553.

Zukin S，2011. Naked City：The Death and Life of Authentic Urban Places[M]. New York：Oxford University Press.